Supérate a ti misma

EL PLAN SIN MENTIRAS PARA CONSTRUIR UN NEGOCIO QUE CAMBIE TU VIDA

ROMI NEUSTADT

Publicado por::
LiveFullOut Media, LLC
www.RomiNeustadt.com

Una parte de las ganancias de cada libro se aporta a obras de beneficencia que potencian la salud y educación de mujeres y niños.

ISBN: 979-8-218-07549-1

Library of Congress Control Number: 2022917210

Para Nate y Bebe: Muchas gracias por darme la más dura y más gratificante profesión del planeta y por ser mis mejores maestros. Que puedan siempre compartir sus dones y su luz y hacer del mundo un lugar mejor.

Para John: Amor de mi vida, gracias por ayudarme a convertirme en la mujer que siempre quise ser. Y por amar todo en mí. Incluso las partes no tan buenas.

Para ti, la Lectora: Gracias por atreverte a crear la vida que realmente quieres. Tus agallas y tu determinación no solo te permitirán ingresar en tu grandeza sino que inspirarán a otras a hacer lo mismo. Y gracias por creer que vales, porque vales.

Para mí: Gracias por no renunciar al sueño de tu vida de escribir un libro. Por tener el coraje para exponerte, en la esperanza de ayudar a algunas personas. Y por decir a las voces negativas en tu cabeza que cierren su maldita boca. Sí, anoche te comiste un paquete entero de palomitas y esta mañana te olvidaste de enviar a los chicos al colegio con los formularios del paseo completos. Pero, ¡escribiste un libro sensacional!

CONTENIDO

Comencemos esta fiesta

Si pudiera hacer las cosas a mi gusto, tú y yo tendríamos una cita semanal para tomar un café y para que yo pudiera contarte todo lo que he aprendido a lo largo de estos últimos seis años. Podríamos conocernos; hablaríamos acerca de nuestros maridos, nuestros hijos, nuestros desafíos y miedos. Hablaríamos sobre nuestros negocios y nuestras vidas. Esa es mi parte favorita de este trabajo. Me enteraría de cómo eres y tú te enterarías de cómo soy yo. Nos ayudaríamos mutuamente a crecer, no solo como dueñas de un negocio, sino como mujeres.

Desdichadamente, eso no es posible. Cuando comencé en este negocio, me encantaba ponerme en contacto con cada una de las nuevas personas en el equipo—ya fuese en persona o virtualmente. Pero, a medida que mi equipo comenzó a crecer hacia lo que hoy son decenas de miles de socios en el negocio en muchos países, ya no pude permanecer en contacto o entrenar a todas las integrantes de nuestro equipo y, mucho menos, a todos los que se me acercaban desde otras partes de nuestra compañía y de la profesión.

Este libro es lo que mejor se aproxima a la idea de encontrarnos personalmente. He revisado todo lo que he aprendido y el total de mis experiencias—las buenas y las malas—y ensamblado todo para ayudarte a aprender cómo arreglártelas para hacer el camino hacia la vida que realmente quieres.

En primer lugar, hablemos acerca de ti. Es posible que hayas comenzado tu negocio hace unas pocas semanas o meses, o quizá has estado en la profesión desde hace mucho más tiempo. En cualquier caso, en el momento en que abriste este libro, comenzaste un nuevo nivel de compromiso, de enfoque, de diversión (eso espero) y de crecimiento personal y profesional. Tal vez eres una madre que trabaja tratando de elaborar una estrategia de salida del empleo que te obliga a hacer malabarismos entre tu trabajo y tus hijos, y sientes que estás fracasando miserablemente. Tal vez eras en el pasado una destacada y poderosa profesional que dejó de lado su carrera porque no encontraba el modo de conciliar el trabajo con la maternidad. Pero ahora estás lista para tener una identidad diferente a las de madre y esposa y ganar tu propio dinero. O quizá eres una mujer súper inteligente que entiende cuán genial es desarrollar un nuevo flujo de ingresos que pueda crecer mientras duermes. No importa cuáles sean tus antecedentes o la razón por la que eres parte de nuestra profesión, creo que sacarás un gran provecho de nuestro tiempo juntas. He ayudado a miles de mujeres como tú a crear de todo, desde fondos para viajar o para la universidad, a ingresos de reemplazo que las ayudaron a ellas o a sus maridos a renunciar a sus empleos y a tener finalmente la libertad y seguridad que jamás pensaron fuese posible. ¡Ahora voy a ayudarte a llegar allí adónde quieres estar!

Escribí este libro para ayudarte a crear la clase de negocio que tu equipo querrá emular y la duplicación que precisas crear para llegar adónde quieres ir, no solo en esta profesión sino también en la vida. Espero que, a través de estas páginas, experimentes un poderoso aumento de tu confianza en ti misma y una mayor comprensión de cómo ser para tu equipo la líder que deseas ser. Todas las personas tienen el potencial para hacer crecer el negocio de sus sueños. Y también tú. Tú puedes ser la exitosa Directora General de tu negocio mientras creas y vives la vida que realmente quieres.

Voy a enseñarte las destrezas y estrategias que precisas para crear una lucrativa red de mercadeo. O negocio de ventas directas. O, en inglés, network marketing. Pero, llames como llames a esta profesión de la que ahora eres parte, trabajaremos en tu comprensión de los elementos básicos y de cómo desarrollar mejor y más eficientemente las actividades productoras de ingresos. Pero, si esto fuese todo lo que hay que saber acerca de este negocio, habría un montón más de historias de éxito de ganadores de más de siete cifras.

Hace falta más que destrezas para avanzar hacia la línea superior y hacer crecer una gran organización. También se requiere una comprensión y concientización acerca del marco mental y de las conductas que se precisan para alcanzar tus grandes metas. Este negocio se construye entre las orejas, así que voy a meterme un poco dentro de tu cabeza.

Construir un negocio exitoso de red de mercadeo no es solo acerca de desarrollar el negocio. Es acerca de desarrollarte tú. Pregunta a cualquiera de los más altos líderes en la profesión y te dirán que este trabajo interior es el más importante para ganar grandes sumas de dólares y la libertad de disponer de tu tiempo.

No voy a gastar mucho tiempo hablando acerca de las redes sociales porque ya se han escrito y publicado libros enteros sobre ellas. Tampoco me ocupo de la organización de eventos, ya que confío en que tu compañía y las líneas superiores tienen ya su propio modo de realizar los eventos específicos de tu compañía y tus productos. Lo que sí comparto contigo, es todo lo que yo sé acerca de tener las más auténticas y efectivas conversaciones con las personas, las que tú ya conoces y las que acabas de conocer. Y cómo reenmarcar las conversaciones más importantes que jamás tendrás—las conversaciones contigo misma.

Ya que me has dado permiso para meterme en tu cabeza, deberías saber algunas cosas acerca de mí. Probablemente no sea muy diferente a ti. Soy la mamá de dos hermosos niños, Nate y Bebe, y la esposa del amor de mi vida, John. Yo era una mujer de empresas—primero como abogada (trabajo que odiaba completamente) y luego, como una premiada ejecutiva de relaciones públicas en Nueva York y Seattle. Me casé con un médico (mi madre judía se enorgulleció) y John tenía un consultorio exitoso. A pesar de ser un hogar con dos profesionales, llegábamos a fin de mes pero no avanzábamos. Los fondos para pagar la universidad y el retiro nunca terminaban de pagarse, no teníamos la libertad de poner a nuestros niños en primer lugar y estábamos los dos atados al modelo de pago por servicio brindado. Estábamos en las manos de los llamados de nuestros clientes y pacientes y, si no trabajábamos, no cobrábamos.

Después de doce años de hacer prácticamente todos los tipos posibles de trabajo de relaciones públicas, estaba absolutamente aburrida. Quería una nueva aventura. Quería dejar de chocar mi cabeza contra el techo de vidrio de las ganancias. Quería una vida más rica—claro, con más dinero, pero también con más flexibilidad de horarios para mi familia y para mí, y la posibilidad de impactar positivamente a otros.

Es bastante sorprendente cómo el universo te trae lo que acabas de pedir. Oí por primera vez acerca de mi compañía a través de un nuevo cliente de relaciones públicas de aquel momento. Me enamoré inmediatamente de la idea de unirme a una marca mundial bien establecida que se dedicaba ahora a la venta directa y ser capaz de crear un negocio propio que no me requiriese construir una infraestructura. John y yo nos pusimos de acuerdo en que yo tenía que hacer esto.

Cuando comencé, estaba increíblemente llena de obligaciones. Nate tenía tres años, Bebe sólo seis meses, tenía una próspera consultoría de relaciones públicas y había tomado más clientes de los que podía atender. Además, participaba en trabajos sin remuneración, enseñando hebreo en un colegio, ayudando a John con aspectos de su consultorio médico y de su incipiente compañía de suplementos dietéticos, ayudando a mi madre anciana y tratando de perder el peso ganado durante el embarazo. Pero, porque simplemente no podía dejar pasar esta oportunidad, ¡decidí asumir aún más obligaciones!

Yo me dejaba entrenar, era "entrenable" y consistente y cada mes agregaba por lo menos de tres a cinco nuevos socios al negocio y un puñado de clientes. En mi primer año, fui nombrada la Máxima Reclutadora de mi compañía y había creado un ingreso de seis cifras. En menos de dos años y medio de permanencia en mi negocio, John pudo dejar su práctica clínica y enfocar todos sus esfuerzos profesionales en establecer su compañía de suplementos dietéticos, NBI, y en ser un padre más activo. En menos de tres años, menos tiempo del que me llevó completar la carrera de Derecho, había ganado más de lo que hubiese ganado en diez años de mi anterior carrera.

Pero, más valiosa que el dinero, es la capacidad de tener una completa flexibilidad en todos los aspectos de nuestra vida poniendo a Nate y Bebe en primer lugar y permitiendo que John y yo nos dediquemos a pagar nuestro éxito en causas que amamos de todo corazón. Estoy totalmente enamorada de este modelo de negocio. Para ser exitosa, me requiere que ayude a otros a serlo y a construir los negocios y vidas de sus sueños. A través del don de esta profesión, encontré un renovado propósito y un profundo sentido de satisfacción profesional.

Estoy extremadamente orgullosa de nuestras decenas de miles de integrantes en nuestros equipos que se atreven a creer que es posible convertir los sueños en realidad. Estas divertidas y visionarias soñadoras se han vuelto casi familia y no podemos imaginar la vida sin ellas o sin esta profesión. He incluido algunas de sus historias de vida en este libro porque hay mucho para aprender de ellas.

Así que, ya con más de seis años en esta aventura, supe que era hora de compartir lo que aprendí. Porque no soy una chica inclinada a las estupideces y mentiras, no voy a tratar de edulcorar las cosas. Este es un negocio y, si eres seria acerca de aprender exactamente en qué consiste hacerlo grande, has llegado al lugar exacto. Pero voy a pedirte que seas "real y cruda", como dice una de nuestras mejores líderes en el equipo, Linda Lackey Ray. Tienes que querer ser honesta contigo misma y hacer las cosas que te voy a pedir que hagas. Si eres lo suficientemente valiente, te prometo que valdrá la pena.

Hablando de ser suficientemente valiente, aunque tengo un diploma de periodismo y escribí mucho en mi carrera, este es mi primer libro. Honestamente, escribir esto me dio un miedo terrible. Pero, como voy a enseñarte (y prometo nunca pedirte algo que yo misma no haría), la vida comienza donde termina nuestra zona de confort y se expande a partir de allí. Así que, aquí va.

Espero que te des cuenta de la increíble suerte que tienes de estar en esta profesión. Aquellos de nosotros en el negocio de redes de mercadeo podemos decidir cómo vivir nuestras vidas y ayudar a otros a hacer lo mismo. Viajes, tiempo con nuestros hijos, participar y colaborar en causas caras a nuestro corazón— estás sentada en un negocio que te proporcionará todo esto.

Cuando aún estaba en tus zapatos, no comprendía del todo dónde esto iba a llevarme a mí o a mi familia. Pero, soy la prueba viviente de que un ingreso que cambie tu vida es posible y que es posible para ti también. Que ganar el suficiente dinero para permitir que tu marido o esposa hagan exactamente lo que él o ella desean, es posible. Que diseñar tu vida alrededor de tus hijos, es posible. Que cumplir con tu lista de cosas a hacer antes de morir, es posible. Y que ser voluntaria en causas sin fines de lucro y donar más dinero del que solías ganar, también es posible. Si no piensas así en grande, si no piensas en posibilidades ilimitadas, es hora de que empieces a hacerlo. Y yo te ayudaré a llegar allí.

¡Vamos!

Un abrazo y un beso,

CAPÍTULO 1

Por qué las personas fracasan y por qué tú no estarás entre ellas

¡Felicitaciones, eres la Directora General de tu propio negocio! Por supuesto, ninguna de nosotras precisa hacer la mayor parte del trabajo pesado que los directores generales de las tradicionales empresas deben hacer. No tenemos que construir una infraestructura, proveer materias primas o fabricar cosas. No tenemos que crear nuestros canales de distribución ni montar una plataforma tecnológica ni contratar a un equipo de marketing o armar un departamento de personal o relaciones humanas ni ninguna de las miles de cosas que se necesitan para establecer desde la nada, una compañía tradicional de productos o servicios. Todo lo que tenemos que hacer es hablar con la gente—compartir nuestro amor por nuestros productos y nuestra compañía.

Si es tan fácil, te preguntarás para qué demonios precisas este libro. Y, ¿por qué no hay en nuestra profesión más personas que ganen sumas de seis y siete cifras?

Un momento: yo no dije que fuera "fácil". Este negocio es cualquier cosa menos FÁCIL. Es difícil. Realmente difícil. Te pondrá a prueba en modos que jamás imaginaste. Tendrá tremendos altos y profundísimos bajos. Requerirá que indagues a fondo y que aprendas resiliencia—para tener total claridad acerca de quién eres y qué defiendes. Será una montaña rusa que a veces te hará pensar en que saldrás volando y otras, en las que tendrás ganas de vomitar.

Te lo dije, no soy una chica inclinada a las estupideces y mentiras. Si lo que quieres es una versión edulcorada de este negocio, entonces has venido al lugar equivocado. La realidad es que este negocio te pondrá a prueba, exactamente como lo haría cualquier otra meta que valga la pena. ¿Quieres competir en un triatlón Ironman? Más vale entonces que te prepares a entrenarte, a entrenarte y a entrenarte un poco más. Y a transpirar. Un montón. ¿Quieres criar niños bien adaptados y felices? Prepárate a ser puesta a prueba, una y otra vez, y a estar dispuesta a enterarte de tus propias carencias, dispuesta a ir más allá de lo que puedes y crecer (y a ganarte unas cuantas canas). ¿Quieres establecer un negocio exitoso? Entonces más te vale estar dispuesta a investigar, superarte y trabajar en tiempos buenos o malos.

No. Este trabajo no es fácil. Pero es simple. Risiblemente simple. Contamos cómo es nuestro negocio y cómo son nuestros productos. Y las personas a las que les contamos, encajan en uno de estos tres baldes.

Los tres baldes

El primer balde contiene a las personas que quieren ser nuestros clientes. Encargan nuestros productos o servicios y se enamoran de ellos y nos siguen encargando. Se transforman en carteles ambulantes y nos traen nuevos negocios.

Luego, están los otros que ven lo mismo que nosotros desde una perspectiva de negocios y se unen a nuestros equipos. Ellos encajan en el segundo balde. Este puede incluir a las personas que entienden perfectamente desde el vamos y se integran inmediatamente. O puede tratarse de clientes felices con nuestros productos, que finalmente se dan cuenta—aunque ya se los hayamos contado—de que en vez de recomendar gente a otra persona, podrían en realidad crear ellos mismos un nuevo flujo de ingresos para sí mismos y sus familias. Así se convierten en constructores de negocios y se unen a nuestro equipo. Cualquiera que se acerca a nosotros aprende este simple sistema de duplicación. Les enseñamos a hacer exactamente lo mismo que hacemos nosotros—a hablar con personas y agregar clientes y miembros del equipo.

Hay otros que no están interesados ni en nuestros productos o servicios ni en nuestro negocio y encajan en el tercer balde. Les pedimos que nos conecten con personas de sus redes que sí puedan encajar. Se transforman en fuentes de recomendación.

Hacemos esto día tras día, mes tras mes, y después de algunos años de ser consistentes y estar presentes haciendo el trabajo, tenemos un próspero negocio que es capaz de hacer de todo, desde pagar una vacación, un fondo para la universidad o el retiro, a proveer estrategias de salida de una carrera y crear una riqueza transformadora.

Ese es nuestro negocio. Eso es. Explicarlo sólo nos tomó cuatro cortos párrafos. Así de sencillo es. Pero, otra vez, puedes estar preguntando, si es tan sencillo, ¿por qué demonios no hay más personas que ganen cifras de más de seis o siete cifras en nuestra profesión? ESA es la pregunta del millón de dólares y la que vamos a responder en este libro, para ayudarte a liberar tu mayor potencial y crear el negocio y la vida con la que sueñas.

Las cuatro razones por las que las personas fracasan

Después de seis años en este negocio, aprendí cuáles son las cuatro razones por las que la gente fracasa.

Razón N°1: No se dejan entrenar

Ya establecimos que este es un sistema sencillo, casi risible de tan simple. No es ciencia astronáutica y cualquiera—independientemente de sus antecedentes, o pedigrí profesional o educativo—puede aprender a dominarlo. Pero nos requiere ser abiertas a aprender este sencillo sistema. Si alguien no está teniendo éxito, es casi siempre porque no está siguiendo el sistema, ya sea porque no confía en él o porque es alguien lo suficientemente arrogante como para creer que lo puede hacer más rápido, más sólidamente y mejor.

Llegué a esta profesión con un título de abogada, un breve pero exitoso desempeño como tal, y una carrera en Relaciones Públicas por la que fui premiada. Uno podría argumentar que tenía ya armas profesionales y que sabía cómo hacer que las cosas sucedan. Pero, como muchos otros que llegan a las redes de mercadeo, no tenía ninguna experiencia en este negocio y sabía que tenía que hacer todo lo posible para aprender. Hice lo que los participantes exitosos que estaban en las líneas superiores a mí me dijeron que hiciera—me sumergí en los recursos de mi compañía y me transformé en una estudiante de la profesión. Hice exactamente aquello que se me entrenaba a hacer. Una vez que aprendí lo básico, fui capaz de agregar mi propia personalidad, estilo y experiencia a la mezcla, pero no antes de saber qué diablos estaba haciendo.

¿Me hubiera presentado a una audiencia judicial para entrevistar a un testigo potencial sin antes conocer el procedimiento? ¿Hubiera escrito mi primer comunicado de prensa sin antes saber qué hay que incluir en un comunicado y cómo estructurarlo? Tengo que admitir que mi declaración legal en mi décimo juicio fue infinitamente mejor que la del primero, y que después de tres meses de escribir comunicados de prensa, podía prácticamente redactarlos mientras dormía. Pero, al comienzo, aprendí el SISTEMA. Y en este negocio, no es diferente.

> **Comprométete a ser 100% entrenable. Decláralo ya mismo.**

Ya sea que recién debutas en nuestra profesión o que ya has estado intentando desde hace un tiempo y tu negocio no se encuentra allí dónde esperabas, comprométete a ser 100% entrenable.

Comienza a actuar

Declara ya mismo, allí donde estés, incluso si estás en un avión, o en tu silla en el salón de belleza con tintura en tu cabeza o junto a tu marido que duerme: "¡Soy 100% entrenable!".

¿Ya lo has hecho? ¿Ya declaraste "Soy 100% entrenable"? Si lo hiciste, entonces ya has pasado por sobre tu primer escollo hacia el éxito. Pasaste la primera prueba.

Si no lo has declarado—y no quiero que lo digas a menos que de verdad creas completamente en eso—entonces no leas más. Detente. Deja este libro o, mejor, dáselo a alguien que precise ayuda. Alguien que esté dispuesta a ser 100% entrenable.

¿Por qué esto de ser entrenable es tan importante? Si no eres entrenable, no hablarás con la suficiente cantidad de personas. He visto esto una y otra vez, demasiadas veces como para contarlas, así que sé que esto es un hecho indiscutible. Es tan cierto como asegurar que tu próxima depilación con cera de la línea de bikini, te va a doler muchísimo. Cuando digo que tienes que hablar con las personas TODO EL MALDITO TIEMPO, ¡no estoy bromeando!

Las noentrenables, como nos gusta llamarlas, también se niegan a implementar las herramientas de construcción del negocio muy probadas para exponer y cerrar—exponer a su red a aquello que le están ofreciendo y moverla a través del embudo para cerrar la operación. Así es que, si eres una de las noentrenables, por favor, deja este libro. No es para ti. Pero si eres entrenable, sigue leyendo. Ser entrenable es el primer paso, pero esto es solo una parte de la historia. No se termina cuando aprendes lo básico. Transformarse en una profesional de redes de mercadeo, emprendedora llave en mano, una profesional de las ventas directas, o como prefieras llamarte, requiere que estudies la profesión. Que te embarques en una búsqueda sin fin para aprender a hacer aún mejor lo que hacemos. Por lo tanto, ajústate el cinturón, porque este es un largo, sinuoso, maravilloso y emocionante viaje de constante aprendizaje, crecimiento y evolución.

Razón N°2: No tratan esto como un negocio

Sin duda, ya has oído acerca de este comprobado y verdadero hecho: si tratas tu negocio como un hobby, te pagará como un hobby. Pero, si lo tratas como un negocio real, podrá retribuirte como un negocio. No creo que nadie crea de verdad que este es un proyecto para enriquecerse rápidamente o que el dinero caerá desde el cielo justo en su regazo. Sólo creo que demasiada gente comienza su negocio pensando que este modelo de negocio llave en mano no requiere la misma consistencia y compromiso que otros negocios.

> **Para hacer que tu emprendimiento se transforme en un negocio exitoso, tienes que darle un lugar prioritario yllevar tu negocio contigo a todas partes.**

Dame un ejemplo de Director General que haya creado una compañía de seis o siete cifras y que no se haya ocupado diaria y consistentemente de ella, y te mandaré un regalo especial de mi parte.

O muéstrame el ejemplo de una persona que obtuvo un empleo y sólo se presentó a trabajar cuando tenía ganas y que no fue despedida. Seamos realistas, ¡esto se llama trabajo de red de mercadeo y no red de haraganas!

Lo hermoso es que, en nuestra profesión, no tienes que dedicarle 40 o 50 y más horas por semana todas las semanas para ver grandes ganancias. Pero, ¿y esas horas parciales de actividades productoras de ingresos (APIs) que te entrenamos a dedicarle cada semana? Lo que realmente queremos decir es que debes trabajar esas horas TODAS las semanas. Aún cuando estás cansada, deprimida, decepcionada, frustrada y lista para tirarte de los pelos.

Para transformar tu empresa en un negocio exitoso, debes hacer de ella tu prioridad y llevar tu negocio allí donde vayas. Si tuvieses un negocio de venta al público en vez de un negocio virtual, irías a tu local de ladrillos y cemento, pondrías tu cartelito de "Abierto" y te pondrías a trabajar. ¿Cómo puedes esperar estar abierta para producir si no pones el cartel de "Abierto" en tu cerebro y en tu horario? En esta profesión, cada vez que tu boca está cerrada, tu negocio está cerrado.

En estas páginas hablaremos mucho acerca de cómo usas tu tiempo de trabajo. Deberías dedicar al menos 80% de tu tiempo a tu negocio personal: hablando con las personas, encontrando a aquellos que quieren ser tus clientes y dándoles el mejor servicio posible, encontrando a las que quieren ser parte de tu equipo y entrenando a las nuevas (aquellas que están en los primeros 30 días en el negocio). Llamamos a esto pagarte a ti primero de modo de poder seguir creciendo. Diez por ciento del tiempo debería ser dedicado a las llamadas de tres personas para tu equipo (no veo la hora de enseñarte cuál es la herramienta más poderosa para concretar ventas) y otro 10% debería ser usado en tu entrenamiento personal (anotándote en llamadas de entrenamiento o webinars, asistiendo a eventos de entrenamiento presenciales) y al entrenamiento de las asociadas a tu negocio que ya no son nuevas.

Por ejemplo, si estás dedicando 15 horas por semana a tu negocio, al menos 12 horas deben ser para tu negocio personal (ubicar y entrenar a las nuevas asociadas), 1 hora y media será para las llamadas de tres personas, y una hora y media será para tu entrenamiento personal y entrenar a tus socias no nuevas. Puedes sentir que te falta el aire, dedicando tan poco tiempo a entrenar a otras, pero aprenderás más tarde por qué esta fórmula de división del tiempo es tan importante para que puedas seguir creciendo y ayudarte a evitar que pongas frenos a tu negocio o aun, que lo choques.

Ya que nuestro negocio puede ser felizmente flexible según los avatares de la vida, podemos maniobrar con estas horas según nos convenga. ¡Pero tienen que suceder! Si pierdes tu hora de la mañana para sonreír y marcar los números de teléfono porque tu niñera se enfermó, el perro justo hizo su popó en la alfombra y debes lidiar con el lavarropas roto, está bien. Sólo compensa esa hora más tarde ese mismo día, o agrégala a tu día siguiente.

> **Este negocio requiere que te sientas cómoda estando incómoda.**

Hablando de niñeras, siempre me da risa cuando una mamá de niños pequeños que aún no están en la escuela, cree que puede establecer un negocio de seis o siete cifras trabajando solo durante la hora de la siesta de sus niños. Sí, esa hora puede ser inmensamente productiva y debes absolutamente capitalizarla. Como veremos más tarde en este libro, es tanto más divertido hacer contactos y llenar tu embudo mientras haces cosas con tus niños en el transcurso de un día normal. Pero, es poco realista pensar que no necesitarás más tiempo sin interrupciones, por lo tanto invertir en una niñera durante unas pocas horas por semana, puede hacer una diferencia exponencial en tu éxito a largo plazo. Recuerda, eres la Directora General de tu propio negocio. Dime qué mamá de pequeños que llegó a ser Directora General—de un empresa recién iniciada, además— no ha tenido al menos unas horas por semana a alguien que cuidara a sus niños de forma de poder concentrarse en su negocio sin ser interrumpida. Si conoces a alguna, envíame un correo electrónico a hello@romineustadt.com y te mandaré un premio y seré más humilde.

Razón N° 3: No quieren estar incómodas

Este negocio requiere que estés cómoda estando incómoda, por lo menos al comienzo. La mayoría de nosotras nunca hemos estado en este tipo de negocio y, por lo tanto, podemos sentirnos torpes y vulnerables. Muy a menudo, los creadores de nuevos negocios se refugian en el estar preparándose a estar listos para estar listos, porque esto parece brindarles seguridad. He visto a unas cuantas participantes de nuestros equipos que jamás se dieron a sí mismas la oportunidad de volar porque no se decidían a levantar vuelo. Se mantienen ocupadas juntando carpetas con información, instalando una oficina en el hogar, distribuyendo colores en un sistema de archivos, y escribiendo y reescribiendo su lista de personas.

Se la pasan practicando cómo hablar con las personas en vez de hablar realmente con ellas, convenciéndose de que se supone que deben ser primero capaces de sonar como auténticas líderes. Esta no es la clase de tarea en la que estudias y estudias, y luego aplicas lo que has aprendido. Solo funciona si te permites ganar al mismo tiempo que aprendes, confiando en el sistema y en la gente que llegó antes que tú. Todos tenemos que labrar nuestro camino a través de esos pocos primeros meses, antes de que comencemos a tomar la mano al negocio.

Luego, después de un poco de éxito, seguido por un par de sobresaltos, es común ver a las creadoras de negocios entrar en el rol de gerentes con el equipo que tienen, en vez de seguir allí afuera y continuar creando oportunidades. Pero, tu negocio no seguirá creciendo si no te mantienes allí afuera buscando gente, una y otra vez. Esto significa que vas a caer y cometer errores. Pero, sé por experiencia que solo crecerás realmente a lo grande, si estás dispuesta a cometer errores y a aprender de ellos. Como les digo a nuestros hijos, si no estás cometiendo errores, no estás yendo más allá de ti misma y no lo estás intentando con la suficiente intensidad.

Razón N° 4: No tienen tanta hambre.

Esta es la razón más importante y es epidémica en nuestro negocio. He tenido montones de socias en el negocio con acceso a un formidable entrenamiento no solo por mí sino por líderes excepcionales de nuestro equipo y del resto de nuestra compañía. Son entrenables y están dispuestas a aprender cómo hacer esto. Son incluso consistentes...por un tiempo. Pero, de pronto, algo sucede. Esa cosa llamada vida. Los niños se enferman, aparece un proyecto muy grande en su empleo diario. Están cansadas. Dan un muy excelente episodio de su serie televisiva favorita. Y así su negocio va bajando en la lista de prioridades.

La vida nos sucede a todas cada día. Estamos todas trabajando las mismas 24 horas. Entonces, ¿por qué algunas personas dejan de trabajar porque algo sucede en sus vidas mientras que otras seguimos trabajando más allá de lo que la vida nos depare? Porque tenemos hambre. Quiero decir, hambre en serio. Piensa en hambre como en no haber comido un solo carbohidrato en seis meses.

Yo estaba muerta de hambre. No literalmente, pero no estaba viviendo la vida que quería para mí o mi marido o nuestros hijos. De pronto, esa realidad pesaba sobre mis hombros como una tonelada de ladrillos. No podía encontrar una salida fuera de la cárcel de horas facturables y de la monotonía diaria que estaba aburriéndome y transformándome en una versión anestesiada de mí misma.

Miré hacia el camino que tenía por delante en los próximos cinco o diez años y me asusté mortalmente. Vi un futuro de ir subsistiendo, pero no avanzando. No dando a nuestros hijos todas las cosas que quería para ellos, y menos aún todas las cosas con las que John y yo habíamos soñado y conversado durante nuestro noviazgo y antes de que nacieran nuestros hijos. Así es que cuando esta profesión aterrizó en mi regazo, supe absolutamente que esta era nuestra salida de una vida mediocre.

> **Estaba dispuesta a hacer lo que fuese para crear este negocio. Tenía que funcionar.**

Estaba dispuesta a hacer lo que fuese para crear este negocio. Tenía que funcionar. Incluso cuando estaba haciendo malabarismos con nuestro bebé, nuestro niño pequeño, mis clientes de Relaciones Públicas, haciendo voluntariado, trabajando para John en su negocio, ayudando a mi madre anciana y tratando de perder peso; estaba, sí, haciendo malabarismos y en una forma bastante poco elegante. Estaba cansada y asustada y, a menudo, decepcionada y deprimida. Pero había pequeñas y grandes victorias que me daban algunos pequeños indicios de cómo podía llegar a ser esto.

Así es que seguí adelante. Aun antes de que estuviéramos ganando dinero en grande, vi que esto iba a tener éxito. Visualicé el gusto de la libertad que vendría con comisiones más grandes e ingresos residuales y la oportunidad de dejar de trabajar para otros. Pude saborear la asombrosa libertad que mi marido tendría cuando pudiese abandonar el consultorio clínico que ya no le atraía más para seguir con un trabajo que sí le llenase el alma. Pude ver a nuestra familia disfrutando de vacaciones en familia en hoteles de lujo y pude saborear la dulzura de vivir la vida según nuestros propios términos. Quería esto tan fuertemente que nada, y quiero decir nada, iba a detenerme.

Fue lo mismo para mi amiga y socia en el negocio, Tracy Willard. Su familia tenía hambre, literalmente. La Gran Recesión hizo que la emocionante nueva empresa de su marido se hundiera, obligando a su familia a subsistir con solo los bajos ingresos de su empleo como profesora en la universidad local. Con las cuentas que aumentaban cada mes, Tracy tuvo que recurrir al banco estatal de comida para alimentar a sus niñas. Se vieron forzados a vender su casa para evitar la ejecución hipotecaria y se mudaron a la casa de los suegros de ella. En total bancarrota, tuvo que pedir prestado dinero a sus padres para comenzar su negocio.

Cuando se unió a nuestro equipo, estaba tan desesperada por levantar cabeza que era 100% entrenable, consistente, y ponía un pie delante del otro y seguía avanzando, no importa cuáles fuesen los obstáculos. Hacía mucho voluntariado en sus minutos libres para lograr que sus hijas pudiesen participar en actividades en forma gratuita (porque no podían pagar por ellas) y en enseñar, y tratando de mantener a su familia unida (y digo esto literalmente—no solo mantener su familia a flote, pero unida físicamente en un mismo lugar). A pesar de esto, Tracy comenzó a tener ganancias al completar su primer mes. En menos de dos años fue de las estampillas del banco de comida a ganar un Lexus gratis, cortesía de nuestra compañía. Su hambre incentivó su compromiso y consistencia, y hoy Tracy y su hermosa familia, viven sus sueños en una casa cerca de la playa en California del Sur.

Por favor, comprende, no estoy sugiriendo que no puedas tener éxito en este negocio a menos que no estés en las últimas con tu vida o incapaz de alimentar a tu familia. Pero tienes que descubrir *qué es lo que realmente quieres* que aún no tengas. Sea lo que sea, tiene que ser lo suficientemente importante como para obligarte a hacer algo con compromiso y consistencia. Tiene que ser tan importante como para hacerte levantar, hacer una llamada telefónica más, contactar una persona más y volver atrás con alguien que tenías en perspectiva—aunque ya estés harta. Porque si queremos de verdad algo en esta vida, hacemos que suceda. Es tan simple como eso.

Y ahora que quitamos esto de en medio...

Entonces, ahora ya tenemos bien claro por qué la gente fracasa. Tal vez incluso te he ya descrito a ti. Pero, ¿qué pasaría si tú investigas bien a fondo y comienzas a soñar sueños más grandes de modo que tu hambre te incite a actuar y que esto no solo cambie tu vida y la de tu familia, sino también inspire a otras a cambiar sus vidas también?

> ¿Qué pasaría si tú investigas bien a fondo y comienzas a soñar sueños más grandes de modo que tu hambre te incite a actuar?

¿Y qué si pudieras aprender cómo hacer mejor el sistema de modo que estuvieses más cómoda contando a las personas acerca de tu negocio y tus productos?

¿Y si pudieses aprender a pensar como el Director General de un negocio de seis o siete cifras y tomar decisiones sobre tu tiempo y tu equipo a través de ese filtro?

No puedo hacerte entrenable y no puedo motivarte. Eso tiene que venir de ti misma. Pero en las próximas páginas, puedo entrenarte acerca de todo el resto. Así es que pongámonos nuestras pantaletas de chicas grandes, indaguemos en profundidad, y déjame ayudarte a hacer crecer algo de lo que no solo estarás orgullosa, sino que, ¡podría terminar cambiando tu vida!

Si te gusta cómo suena esto, da vuelta la página y comencemos de verdad con esta fiesta.

CAPÍTULO 2

¿Por qué estás aquí?

Si has estado en esta profesión por algún tiempo, en algún momento de tu entrenamiento, se te ha pedido que descubras cuál es tu motivo, el PORQUÉ de tu querer establecer un negocio. Algunos dicen que tu PORQUÉ tiene que ser lo suficientemente grande como para hacerte llorar. Bien, no sé acerca de esto de llorar, pero definitivamente debe ser lo suficientemente grande como para hacer que te presentes consistentemente a trabajar en tu negocio, semana tras semana, mes tras mes.

Existen tantas cosas en la vida reclamando tu tiempo y tu atención que, si de verdad no quieres hacer esto, no lo harás. Nunca este negocio será una prioridad para ti y te quedarás estancada en un interminable círculo vicioso: no estás trabajando en tu negocio porque no está vinculado a algo que realmente desees; te estás aporreando porque no estás trabajando como deberías en tu negocio; no estás trabajando en tu negocio porque ahora todo gira alrededor de la culpa y el fracaso y porque te estás aporreando por no trabajar en tu negocio. Esto no es ni divertido ni lucrativo. De hecho, me agota el solo escribir acerca de ello.

¿Sabes POR QUÉ deseas establecer un negocio propio? He tenido muchas conversaciones con integrantes del equipo en los últimos cinco años que se quejan de que no pueden permanecer comprometidas con su negocio y hacer rutinariamente las actividades productoras de ingresos requeridas para obtener resultados. La mayor parte del tiempo, cuando les pregunto POR QUÉ están creando su negocio, me responden con alguna variante de "No estoy segura". Si no puedes ver el PORQUÉ, huélelo, saboréalo. Si no mueve algo en lo más profundo de tu alma, entonces, te lo prometo, no es suficiente como para mantenerte comprometida.

> **Si no puedes ver el PORQUÉ, huélelo, saboréalo. Si no mueve algo en lo más profundo de tu alma, entonces, te lo prometo, no es suficiente como para mantenerte comprometida.**

Cuando averigües cuál es tu PORQUÉ, debes compartirlo con tus socias en el negocio y el resto de tu equipo de apoyo (tu esposo o esposa, tu mejor amiga, otros miembros de la familia). Ellos deben saber qué es, de modo que te puedan mantener comprometida toda vez que te sea difícil seguir con la vista fija en el premio.

Creo fervientemente que tu PORQUÉ no puede ser acerca del dinero, sino que debe ser acerca de *lo que el dinero puede conseguir para ti*. Y esto debe ser algo profundamente personal. He trabajado con muchísimas personas que han hecho que su PORQUÉ sea acerca de otras personas. Tal vez se trataba de sus niños o de su marido o mujer. Estoy aquí para decirte ya mismo que para que seas capaz de abandonar tu zona de comodidad durante los temibles, incómodos comienzos de tu negocio, tu PORQUÉ tiene que ser acerca de ti.

Estaba entrenando a una parte de nuestro equipo y fui alrededor de la habitación preguntando a las mujeres cuál era su PORQUÉ. Cuando llegué a alguien a quien llamaré María, ella dijo que para pagar la universidad de sus hijos. Sin embargo, no había una llama en sus ojos cuando dijo eso, solo una suave voz proveniente de una cabeza gacha y hombros hundidos. Respetuosamente, la desafié.

"Has comenzado tu negocio hace más de un año y aún no te presentas consistentemente y con regularidad a trabajar en él. ¿Podría ser que tu razón del PORQUÉ no alcance para obligarte a hacerlo?"

"Pero por supuesto que alcanza. Se trata de mis hijos", me discutió.

"Ajá", le dije, "tú crees que debería alcanzar, pero no alcanza". Entonces le pregunté qué es lo que verdaderamente quería para ella misma. Se le llenaron los ojos de lágrimas, y admitió que lo que quería era tener algo propio fuera de sus roles de madre y esposa, y probarse que era capaz de lograr grandes cosas.

Y, mientras lo decía, algo extraordinario sucedió—su voz se volvió más fuerte, sus hombros subieron y se enderezaron, y se sentó erguida.

"Ese es tu real PORQUÉ, mi querida", le dije mientras la abrazaba. "Eso es lo que te va a llevar a hacer esto cada maldito día". Desde entonces, María se dedicó a su negocio con una determinación consistente que antes no había mostrado jamás. Ha superado el nivel en el que se encontraba estancada y ha alcanzado un ascenso importante y un aumento en su paga.

Nosotras, las mujeres, estamos programadas para hacer todo por los demás. Pero, te lo aseguro, crear un negocio para otros no será suficiente. Precisas un PORQUÉ a prueba de balas para transitar los tiempos difíciles. Y ese PORQUÉ tiene que ser *acerca de ti* y *para ti*.

> Precisas un PORQUÉ a prueba de balas para transitar los tiempos difíciles. Y ese PORQUÉ tiene que ser acerca de ti y para ti.

Ser parte de algo nuevo y divertido, ocupar tu tiempo mientras los niños están en la escuela, o calmar tu miedo de perderte algo—aunque estas sean razones suficientes para hacerte entrar en el negocio y alcanzar un cierto nivel de éxito, no serán de ningún modo suficientes para mantenerte en el trabajo pesado que se requiere para crear un negocio de seis o siete cifras.

Agregué una socia en mi negocio personal, a la que llamaré Laurie, luego de que ella estuviera viéndome por meses en Facebook y luego mirando nuestros productos en el programa televisivo Today Show. En aquel momento, le encantaba la idea de hacer algo nuevo y le gustó la idea de cambiar y dejar su carrera de tiempo parcial. Eso fue suficiente para llevarla a su primer título de importancia en nuestra compañía y dejar su empleo. Pero una vez que alcanzó esta meta, Laurie no tenía ninguna razón para seguir creando. Sin continuar reclutando, bajaba su categoría de posición. Durante un par de años, fui incapaz de extraer de ella un motivo por el cual quisiera seguir estableciendo este negocio. Sin este motivo, no tenía ninguna razón para trabajar lo suficiente como para recuperar su posición y recoger el sustancial dinero que deja de ganar cada mes, y menos aún, a ir detrás del automóvil gratuito que está a su alcance.

Es posible, sin embargo, dar un paso adelante, si puedes descubrir un nuevo y más poderoso PORQUÉ. Becca O'Leary comenzó primero su negocio para "tener más conexión con otros adultos, fuera de su desempeño diario como mamá". Pero, después de dos años de lento crecimiento tuvo una epifanía mientras asistía presencialmente a un evento organizado por nuestra compañía. Había sido arrastrada al evento por su patrocinadora y mejor amiga. Sentada allí, escuchando las historias de éxito, descubrió un nuevo PORQUÉ. "Finalmente, me di cuenta. Me sentía culpable de que mi marido estuviese cargando con todo el estrés financiero de nuestra familia. No quería vivir con ese sentimiento de culpa. Quería sentir que estaba haciendo mi contribución y teniendo un rol en el sostén de nuestra familia. Es allí cuando tomé la decisión de tratar a esto como un negocio". Este PORQUÉ era lo suficientemente grande como para que Becca comenzase su carrera hacia el tope del plan de paga.

Mi querida amiga Amy Hofer primero comenzó su negocio porque sus hijas adolescentes ya no le requerían tanto tiempo y, como la importantísima profesional de la industria editorial que había sido, añoraba tener un trabajo significativo. La razón por la que dijo que sí a la oportunidad de nuestra compañía era porque no quería dejarla pasar. A pesar de que salió como un caballo ganador apenas se largó la carrera, el miedo de perderse una oportunidad no alcanzó para evitar que su negocio se estancase cuando la vida irrumpió—en su caso fueron a la vez las cosas placenteras que la distraían y la desoladora noticia de perder a su padre.

Fue cuando el estrés de la exigente carrera de su exitoso marido Nick se volvió intolerable, que Amy tuvo una epifanía e hizo un descubrimiento: estaba sentada sobre una mina de oro que podía devolverle el marido con el que se había casado y, a la vez, dar a su vida el sentido de propósito que tanto deseaba. A partir de ese momento, Amy enfrentó su negocio con un total compromiso y concentración, que la llevaron a grandes aumentos en el volumen de organización y las duplicaciones, además de la inigualable satisfacción de liderar un equipo de veloz crecimiento a un volumen capaz de hacerles ganar el auto, junto a ingresos que liberaron a Nick y lo llevaron incluso a trabajar con ella. Juntos alcanzaron el más alto nivel en nuestra compañía y se sienten realizados con el impacto diario que tienen en la vida de otros.

Nuestros PORQUÉS evolucionan junto a nuestros negocios y la clave para un crecimiento consistente y no estancarse, es estar continuamente en contacto contigo misma y tus prioridades. Mi PORQUÉ comenzó como un deseo de escapar de la cárcel del trabajo pago por hora y crear un ingreso que me permitiese ganar dinero aun cuando no estuviese trabajando (ingreso pasivo). Una vez que fui capaz de despedirme de mi carrera de Relaciones Públicas, quise que John se liberase de los confines de su práctica médica con honorarios por servicio prestado. Una vez que eso sucedió, mi PORQUÉ fue mucho más grande.

Durante los siguientes tres años, vi mi tercer PORQUÉ cada vez que me registraba en el sitio de apoyo de administración del negocio que nos provee nuestra compañía. Una foto de Nate y Bebe en la bañera con grandes sonrisas en sus rostros y chispas de travesura en sus ojos, con las siguientes palabras:

"Para tener el tiempo y la libertad económica para poder mostrar a Nate y Bebe todo lo que la vida tiene para ofrecerles, y para enseñarles a desarrollar su espíritu emprendedor, para alcanzar las cimas más altas y hacer del mundo un lugar mejor. Y para ser un agente de cambio que ayude a otros a transformarse en la mejor versión de sí mismos".

Tuve que indagar a fondo para encontrar este PORQUÉ, y aguantó en su verdad hasta que nuestro ingreso alcanzó una ganancia de seis cifras al mes. Para ese entonces, teníamos el tiempo y la libertad económica para hacer todo lo que queríamos para nuestra familia, y estábamos ayudando a otros a hacer lo mismo. Claramente, Nate y Bebe estaban aprendiendo a desarrollar un espíritu emprendedor—estaban rodeados por nuestra prueba de que si trabajas realmente duro en algo que te apasiona y que tiene valor para otros, es posible tener un trabajo satisfactorio y, al mismo tiempo, vivir la propia vida. Hemos tenido que recordar a nuestros dos niños que esta no es la regla para todas las familias. El tener a ambos padres en casa y accesibles casi todo el tiempo y las ventajas de las que disfrutamos, no suceden en los trabajos convencionales. La realidad sesgada en que viven nuestros chicos se reveló claramente cuando una noche en que John y yo estábamos hablando de un amigo que había obtenido su ascenso en un trabajo en una empresa y Bebe preguntó: "¿Y cuando le dan su auto gratis?".

Pero, si iba a despertarme cada día queriendo aún desarrollar nuestro negocio, tenía que encontrar un nuevo PORQUÉ. Y este se transformó en algo para otros—no solo en empoderar a más personas a ser aquello que estaban destinadas a ser, pero también a ser capaz de poner suficientes recursos para que las mujeres y niños alrededor del mundo tengan acceso a lo básico de que disfrutamos cada día: pancitas llenas, acceso a los cuidados de salud y programas de empoderamiento para que puedan entrar en su dimensión de grandeza. Eso es suficiente para que yo lo digiera durante los años venideros. Casi todas las mañanas, salto de la cama queriendo seguir desarrollando este negocio.

Mientras piensas en tu PORQUÉ, o lo reconsideras, recuerda que está bien ser egoísta acerca de lo que quieres. Ese puede ser un difícil cambio de mentalidad, en especial para las mujeres, ya que hemos sido programadas para no pensar en nosotras mismas y a hacer mucho por los demás. Sin embargo, muchos de los PORQUÉ que he mencionado prueban que hacer para ti y hacer al mismo tiempo para los demás, no son mutuamente excluyentes. En el fondo, Tracy Willard quería ser la que salvase a su familia y Amy quería liberar a su marido de las presiones. Yo tuve la audacia de quererlo todo—para mí, para John, para nuestros niños, para las integrantes de nuestro equipo que querían seguir con nosotros, y para las causas que nos apasionan.

Creo que una de las mayores razones por las cuales muchas personas no encuentran su verdadero PORQUÉ—ese que los pondrá incómodos, los hará ir más allá de sí mismos y crecer, y trabajar consistentemente—es porque no indagan lo suficientemente profundo en ellas. En realidad, es como pelar una cebolla. Mientras exploras tu PORQUÉ no dejes de preguntarte: "¿Por qué eso?". Por ejemplo, una de nuestras socias en el negocio primero declaró que quería ganar más dinero. Comencé a pelar: "Y por qué eso?". Para tener un fondo de emergencias. Seguí pelando. "¿Y para qué quieres un fondo de emergencia?". Para saber que tiene seguridad. "¿Y por qué eso te hará sentir segura?". Porque la última vez que ella se había casado, su marido la dejó sin nada y en su actual matrimonio podría sucederle lo mismo y ser abandonada sin nada, en la misma terrible situación. "Entonces, lo que yo estoy escuchando es que tu real PORQUÉ es estar segura de que siempre serás capaz de cuidarte a ti misma y de tener tu futuro en tus manos. ¿Es cierto?". "Sí", dijo llorando. Querer ganar dinero simplemente no iba a ser lo suficiente para hacer que esta muy ocupada mamá se presentara a trabajar en su negocio consistentemente a pesar de los inevitables desafíos. Pero, su real PORQUÉ es muy poderoso y, como resultado, está ya en camino para construir algo que la haga sentir segura y empoderada.

Otra de las razones por las cuales las personas no pueden descubrir su verdadero PORQUÉ, es porque han dejado de soñar. Es tan fácil quedar atascados en aquello que es, que dejamos de soñar con ello. O, si no has dejado de soñar, quizá has dejado de creer que es posible concretar tus sueños en la realidad. Y si no crees que pueden suceder, no te animas a ir tras ellos, y menos aún, soñar con ellos.

No importa en qué estadio tu vida o tu negocio estén, ¿no es ya hora de que te des permiso para soñar otra vez? ¿No es hora de permitirte creer que esos sueños se pueden transformar en realidad? Soy la prueba viviente, como lo son los millares de personas en nuestro equipo de que, sean cuales sean tus sueños, porque esta profesión ofrece tanto, deberías estar soñando en grande. Entonces, ¿qué es lo que quieres para ti? Ese es tu PORQUÉ.

> No importa en qué estadio tu vida o tu negocio estén, ¿no es ya hora de que te des permiso para soñar otra vez?

Metas: Come el elefante de a un bocado por vez.

Una vez que sepas cuál es el motivo de tu PORQUÉ, tienes que fijar los objetivos que te llevarán a lograr tu PORQUÉ. Pero tenemos modos eficientes y modos no eficientes de fijar objetivos. El modo eficiente es tomar un gran objetivo (el elefante) y repartirlo en pequeñas partes para hacerlo más factible.

En este punto, sería descuidada si no mencionase el comprobado y verdadero estándar de oro de fijar metas, que trasciende a la red de mercadeo. No sé quién inventó esto, pero es lo que define a las metas inteligentes. Tus objetivos deben ser Específicos, Medibles, Logrables, Realistas y con un Plazo límite.

Una meta específica tiene una oportunidad mucho más grande de ser alcanzada que una en general. Y cuando divides tu meta específica en pequeñas partes de paso a paso, la meta tiene una chance aún mayor de ser lograda. Para fijar tu meta específica, responde a estas tres preguntas:

* ¿**Qué** quiero lograr?
* ¿**Cuándo** quiero lograrlo?
* ¿**Por qué** quiero lograrlo?

Por ejemplo, una meta general sería, quiero recuperar mi inversión inicial. Pero una meta específica sería, quiero recuperar mi inversión inicial hacia el final de completar mi primer mes, de modo de tener una historia poderosa de mi primer mes y poder pagar el saldo de mi tarjeta de crédito.

Una meta medible debe ser, claro, medida. Por ejemplo, tienes una deuda de 1500 USD en tu tarjeta de crédito que quieres pagar. Una meta debe ser también lograble, y lo que amo en nuestra profesión es que prácticamente cada meta que inventas puede ser lograda con trabajo consistente. Fijar metas realistas es importante porque, mientras es cierto que puedes lograr todo aquello que te propongas, debes ser realista en evaluar el tiempo que te llevará lograrlo. Esto depende de cuánto tiempo estás dispuesta y puedes pasar trabajando en tu negocio. Por ejemplo, si tienes una meta de reemplazar un salario mensual de 10.000 USD en seis meses, pero solo estás dispuesta o solo puedes dedicarte seis horas por semana, probablemente no puedas lograrlo en ese tiempo.

Pero, no dejes que esto te desanime para fijar metas más allá de lo que puedes—esto es muy diferente de fijar metas poco realistas. Este negocio crece más rápido cuando sigues empujando los límites, los tuyos y los de tu equipo. ¿Qué es lo peor que podría pasar? Apuntas a la luna y aterrizas entre las estrellas. No está nada mal.

Por supuesto, debes fijar tus metas con un plazo de tiempo porque una meta sin un plazo, es solo un sueño. Cuando estás trabajando con una fecha límite, tu sentido de la urgencia aumenta, lo que reducirá las postergaciones y te llevará a la línea de llegada mucho más rápidamente.

Mientras que tu PORQUÉ no debe ser solo acerca del dinero, las metas monetarias son, en cambio, un modo tangible de medir tu progreso y de vigilar cuán eficazmente estás avanzando en tu negocio y cumpliendo con tu PORQUÉ. Me ha sucedido el estar personalmente motivada por una combinación de etapas monetarias y persiguiendo incentivos provistos por nuestra compañía. Agita delante de mí un incentivo y yo correré tras él—ya sea dinero en efectivo, un viaje, una alhaja—no importa si llueva o truene, yo voy a conseguirlo. Muy probablemente tu compañía diseña los incentivos para ayudarte en la creación de tu negocio de modo que avances en ingresos y posición, así es que cada vez que puedas correr tras un incentivo, hazlo. Propóntelo como una meta y pon una representación visual del incentivo en un lugar donde la veas a menudo.

Creo muchísimo en el poder de escribir tus metas y en anunciarlas en un foro tan público como te sea posible soportar. Esto hace que tus metas sean reales y, más que ninguna otra cosa, una manifestación pública te hará responsable y te obligará a rendir cuentas. Por otra parte, es también el próximo paso para creer que son posibles. Y que esta fe puede lograrlas. Ok, es posible que me esté poniendo un poquito mística y crédula, pero he visto que esto sucede, una y otra vez, ya sea para mí, mi marido o integrantes de nuestro equipo, como para no ser una ferviente creyente. Así que, hazme caso. De acuerdo con Pam Grout en E2, podemos lograr cualquier cosa que deseemos, simplemente estableciendo la intención. Como escribe Grout, "Cuando arrojas una pelota de tenis al aire, puedes estar segura de que la pelota caerá. La intención es exactamente como esa pelota de tenis. Volverá a ti exactamente del mismo modo en que la enviaste arriba".

> Más que ninguna otra cosa, una manifestación pública te hará responsable y te obligará a rendir cuentas.

¿Cómo podríamos, si no, explicar el poder del tablero de sueños? Es algo que te recomiendo muchísimo que hagas y animes a las integrantes de tu equipo a hacer. Tengo muchos ejemplos de fotos y dibujos de metas y sueños pinchados en un tablero de corcho que terminaron convertidos en realidad. Como la foto de un barco en un mar celeste turquesa que estaba pinchada en el tablero de metas de mi querida amiga y socia en el negocio, Bridget Cavanaugh. Una foto casi idéntica apareció cinco años más tarde en el folleto de un viaje a Grecia que ganamos. Si te gusta cómo suena todo esto y quieres también recurrir a tu mística interior, E2 es el próximo libro que deberías leer, después de que hayas completamente devorado este, por supuesto.

Con cada uno de tus pequeños pasos de metas cumplidos, tu confianza en ti misma aumenta. Si mi primera meta era ganar seis cifras o liberar a John de su práctica médica, hubiera sido demasiado para digerir. Me hubiera ahogado con ese elefante. Pero, durante el primer año, pude concentrarme en pequeñas metas, que iban incrementándose: contactando a tres personas nuevas por día, llevando a mis socias en la línea superior tres llamadas de tres personas por semana, agregando nuevas socias y clientes al negocio cada mes, pagando la hipoteca, luego alcanzando la primera promoción significativa, luego ganando tanto como con mi consultoría de Relaciones Públicas, después ganando más, luego ganando un incentivo—un viaje a la región vitivinícola de California—, después ganando el Premio a la Mejor Reclutadora en la convención de nuestra compañía y luego alcanzando los ingresos de John. Como solemos decir, Roma no se construyó en un día y tampoco el negocio de siete cifras de Romi.

Si le preguntas a Tracy si ella comenzó su negocio pensando en ganar un nuevo y brillante automóvil y en mudarse otra vez a su nativa California del Sur, ella te diría que de ningún modo. "Tuve que comenzar para dar de comer a mi familia y luego, para ganar más dinero del que ganaba con mi empleo de profesora de modo que pudiese dejarlo y pasar más tiempo dedicada a mi negocio y a mis hijas". Luego se concentró en pagar sus deudas.

Amy Bird, otra amiga cercana que gana siete cifras en nuestro equipo, tuvo una clara escalada de metas que la llevó a lograr su PORQUÉ, una carrera lucrativa que pudiera darle completa flexibilidad para estar con sus dos "monitos"—así es como ella llamaba a sus adorables hijo e hija. Cuando comenzó su negocio, la meta inmediata de Amy era recuperar su inversión en los primeros 30 días porque precisaba tener el dinero disponible en su tarjeta de crédito. La capacidad financiera era así de pequeña para esta ex-representante de productos farmacéuticos y su marido desarrollador de proyectos inmobiliarios. Las metas a largo plazo de Amy eran fijas, pero los plazos se fueron acortando en la medida en que las cosas iban de mal en peor en los proyectos de desarrollo en los que su marido estaba involucrado y su familia de cuatro se encontró viviendo en el sótano de los padres de ella.

Una vez que alcanzó su primer ascenso significativo, Amy cambió su meta a dar el ejemplo a su equipo. "Quería mostrar a mi equipo que los ascensos/promociones/ viajes/autos eran alcanzables. Que si yo lo había logrado, ellos también podrían". La flexibilidad todavía le permitía a Amy conservar su más precioso capital—tiempo con sus niños—mientras buscaba cómo salir del sótano hacia un nuevo y lindo hogar y en las líneas más altas de los líderes de toda nuestra compañía.

John y yo hemos aprendido ambos que mientras es necesario que fijemos una meta y trabajemos para lograrla, no es en ella donde nuestra concentración diaria debe estar. Nos enfocamos, en cambio, en el proceso de alcanzar la meta. Por ejemplo, si tu meta es agregar tres nuevas socias al negocio por mes, pide al Universo (o a quién o a qué suelas pedirle cosas) de traer más personas a tu vida con las que puedas compartir tu negocio. Pedir será tu intención. Y luego, aprovecha cada oportunidad que se te presente, para contar a los demás acerca de tu negocio y de tus productos o servicios. Cada vez que te encuentres con alguien al buscar a tus niños a la escuela. Al amable desconocido sentado en la mesa de al lado en el restaurante (no te preocupes; te explicaremos más tarde cómo hacer esto de la manera correcta). El o la antigua amiga que habías perdido y reencuentras en Internet o en Facebook. Comparte tu negocio con todos aquellos que el Universo trae a tu vida.

> Aprovecha cada oportunidad que se te presente, para contar a los demás acerca de tu negocio y de tus productos o servicios.

Porque, si tienes suficientes charlas, encontrarás a las personas que quieran ser tus clientes y a aquellas que quieran unirse a ti en tu negocio. Enamórate del proceso y este te llevará a lograr tus metas. Entonces, dentro de 12 meses, si has permanecido concentrada en esto, mirarás hacia atrás y verás todo lo que has logrado, cuánto has crecido y, espero, habrás desarrollado un gran amor por el viaje.

¿Cuán fuerte lo deseas?

Esto es lo que diferencia a los que hablan de los que hacen. Una cosa es decir que quieres establecer un negocio, identificar tu PORQUÉ y fijar metas que te lleven a lograrlo. Pero, eso es algo muy diferente de CREARLO en la realidad.

El cuán fuerte lo deseas te hace girar otra vez hacia tu PORQUÉ. Otra vez, tiene que ser lo suficientemente fuerte como para que estés dispuesta a renunciar a cosas como la tele-visión (no miré televisión durante los dos primeros años de mi negocio, a menos que estuviese activa en un equipo cardiovas-cular), a la revista People (sí, aún en el baño yo leía acerca de desarrollo personal y profesional), a cocinar todas las noches (llegué a amar el concepto de ensamblar comidas preparadas, así que debo agradecer mucho a Costco). También tienes que convencer a los que comparten tu vida, como marido e hijos, de que acepten esto.

Como ya hemos establecido, hacer crecer un negocio hasta que produzca resultados de seis o siete cifras requiere consis-tencia y hablar con gente todos los días. Porque no todos aquel-los que embarcas en tu negocio van a ser entrenables o tener un PORQUÉ lo suficientemente fuerte como para mantener-los motivados—tendrás integrantes de tu equipo que no harán nada y otras que renunciarán. Este es un negocio de desgaste y deserción. Es un juego de números. Si no estás agregando al menos dos nuevas socias al negocio cada mes, no te librarás del desgaste. Porque te estarás contrayendo y no expandiendo.

Puedes llegar a sentir que quieres renunciar, pero tienes que comprometerte a trabajar de 18 a 24 meses tan fuerte y tan inteligentemente como puedas. Mientras yo estaba estab-leciendo mi negocio en esos dos primeros años, me mantuve diciéndome esta famosa cita (de autor desconocido): "La ini-ciativa empresarial es vivir durante unos cuantos años de tu vida como la mayor parte de la gente no viviría, para poder pasar el resto de tu vida como la mayor parte de la gente no podría".

Esta pregunta de "cuán fuerte lo deseas" es verdaderamente acerca del dolor y el placer. Como humanos, evitamos cual-quier cosa que se asemeje al dolor e instantáneamente reaccio-namos ante las cosas que creemos nos harán sentir bien o que nos darán placer. Por cierto, ahora puedes ver como algo doloroso el pasar el tiempo creando tu negocio, aprendiendo cómo hablar con la gente, y escuchando los "No" y decepcionándote. Pero, ¿qué tal si pudieras entrenarte y entrenar a otros a reeducar tu cerebro de modo de conectar el dolor con **NO actuar** en tu negocio y el placer masivo con **actuar** en él? Estoy hablando de trabajar con la parte más profunda de tu subconsciente. Sí, estamos en una zona más profunda ahora. Quédate conmigo.

> ¿Qué tal si pudieras entrenarte y entrenar a otros a reeducar tu cerebro de modo de conectar el dolor con NO actuar en tu negocio y el placer masivo con actuar en él?

¿Has sentido alguna vez que levantar tu celular de 140 gramos para llamar a la gente era como levantar un peso de 250 kilos? ¿O sentir lo mismo al tener que decir cinco palabras para comenzar una conversación con la persona que está delante de ti en la fila de Starbucks?

Si es así, simplemente tienes que reeducar a tu cerebro para que **no actuar** sea extremadamente doloroso, y **actuar** encienda dentro de ti todas tus luces. Cuando lo hagas, encontrarás que no tienes que depender tanto en tu voluntad. Simplemente, querrás hacerlo.

Ahora, quizá estés pensando: "Romi, dijiste que no eras una chica inclinada a decir estupideces, pero todo esto suena como pura horse-shit, diría un Americano". Mira, nací y me crié en Montana y te aseguro que conozco la bosta de caballo desde lejos, ¡y esto no lo es!

Puedes reeducar a tu cerebro. Es un hecho científico. *El Wall Street Journal* incluso publicó un artículo sensacional resumiendo lo que el gurú del desarrollo personal Tony Robbins y otros han estado enseñando por años. Sólo le llevó un tiempo más a la neuropsiquiatría descubrir lo mismo. El artículo decía: "La tendencia en la neurociencia y la medicina actuales es que el cerebro viviente es en realidad 'neuroplástico'—es decir, que sus circuitos están constantemente cambiando en respuesta a lo que hacemos en el mundo. Mientras pensamos, percibimos, creamos memorias o aprendemos nuevas destrezas, las conexiones entre las células del cerebro también cambian y se fortalecen. Lejos de tener circuitos fijos, el cerebro tiene circuitos que muy rápidamente se forman, se desarman y reforman". [Doidge, N. "Our Amazingly Plastic Brains"]

¡Dios santo! ¿Te das cuenta de cuán asombroso es todo esto y de lo que puede significar para tu negocio y para tu vida? El cerebro cambia constantemente basándose en lo que pensamos y hacemos. ¡Podemos ahora cambiar los circuitos de nuestro cerebro! Esto abre un espectro de posibilidades totalmente nuevo, ¿no te parece?

Voy a ayudarte a "cambiar tus circuitos" o a "reeducar tu cerebro" para el éxito. Voy a pedirte que hagas un ejercicio que hice hacer a los integrantes de mi equipo en mis series de entrenamiento.

Al hacerlo, entrenarás a tu cerebro en que el placer que buscas, está en **hacer el trabajo** de crear tu negocio y lograr tu PORQUÉ. Y que el dolor que tú, ¡oh, humana!, tratas desesperadamente de evitar está en **no hacer el trabajo** de crear tu negocio y lograr tu PORQUÉ.

Después que hagas tus deberes, llegaremos al próximo capítulo. Tendrás por un rato un recreo de tanta mística, mientras nos dedicamos a una destreza que has estado cultivando desde que eras una niña escribiéndole a Santa Claus. Ya sé que estás intrigada, pero no te adelantes hasta que hayas hecho tus deberes. Sé entrenable. ¡Sííí!

Comienza a actuar

Por favor, busca un cuaderno o diario y contesta las siguientes preguntas:

1) ¿Cuál es tu PORQUÉ? (Recuerda pelar la cebolla para llegar al verdadero PORQUÉ)

2) ¿Por qué es tan importante para ti? Sé muy específica aquí. ¿Cómo ves que esto cambiará tu vida, afectará a tu familia, te ayudará a largo plazo a llegar allí donde quieres ir?

3) Si no logras tu PORQUÉ, ¿cuál es el dolor que experimentarás? En otras palabras, ¿cuál es el costo que pagarás en tu vida por no actuar para crear este negocio? Da carnadura a esta parte. ¿Qué les faltará a ti y a tu familia en la vida? ¿Cómo esto afectará tu confianza en ti misma y tu autoestima?

4) Mira hacia el futuro de aquí a cinco años. Si no logras tu PORQUÉ, ¿dónde estarás y a qué habrás renunciado, todo porque no fuiste persistente y actuaste en lo que era importante?

Lee esto todos los días durante tres semanas. Me pareció muy útil leerlo todas las mañanas apenas me despertaba, incluso antes de poner los pies en el suelo, para ayudar a mi intención del día. Puedes decidir hacerlo antes de irte a dormir. No importa cuando lo hagas, mientras no dejes de hacerlo. Cada día durante 21 días.

CAPÍTULO 3

Tu lista es tu vida:
Haz una bien larga

Perfectamente, ya has establecido o restablecido la base de tu negocio—tu PORQUÉ—y te has fijado algunas metas de corto plazo. Ahora es el momento de concentrarte en el recurso vital de tu negocio: Tu Lista.

Tu lista es verdaderamente tu vida en este negocio, así que asegúrate de hacer una bien larga. Es una cosa viviente, que respira y que deberías estar consultando, actualizando y retocando cada día. Cuánto más pronto te acostumbres a pensar en tu lista de este modo, más pronto será un valioso activo en tu negocio.

Otro modo de pensarla es como si fuese una cuenta bancaria. Cada vez que haces retiros (quitar nombres de tu lista), debes hacer depósitos (siempre agregando nuevas personas). Así que vamos a hablar acerca de cómo hacer depósitos en tu lista cada día. Te mostraré cómo trabajar con tu lista a lo largo del tiempo para mantenerla organizada de modo que puedas concentrarte más eficientemente en las actividades productoras de ingresos (APIs) y en hacer crecer tu negocio más rápidamente. Haz lo que te enseñaré a continuación y tu lista nunca padecerá anemia.

Crea tu Lista Principal

Lo mejor que puedes hacer para ti y tus futuros socios en el negocio es mantener una muy completa Lista Principal. Esta lista incluye cada ser humano que conoces, ya sea alguien con quién tienes un vínculo cercano o un simple conocido. La clave está en no prejuzgar quién entra en esta lista. No tenemos la menor idea de quién estará interesado en lo que tenemos para ofrecer. Muchas cometen el error de segmentar su lista prejuzgando lo que podrá interesar a su red social. Poniendo a la gente en categorías predeterminadas de "Usuario de productos" o "Integrante de equipo" es un ejercicio infructuoso. En primer lugar, no tenemos modo de predecir quién estará interesado en qué parte de nuestro negocio.

> Lo mejor que puedes hacer para ti y tus futuros socios en el negocio, es mantener una muy completa lista principal.

La mayor parte de nuestro ingreso mensual proviene de los equipos de tres personas que jamás pensé que estarían interesadas en comenzar su propia empresa llave-en-mano. Diablos, he tenido también una infinidad de personas que me han dicho que jamás hubieran imaginado que yo me interesaría en algo así. En segundo lugar, categorizar a las personas, te hará consciente o inconscientemente adaptar tu conversación y, sin querer, elegirás cómo esa persona va a involucrarse. Como te enseñaré, serás mucho más eficiente si comienzas mostrando el negocio y recurriendo luego a los productos.

Entreno a nuestras nuevas socias en el negocio a que, en su primer día en el negocio, tomen un bloc y escriban en él los nombres de "todas las personas que conozcan que tengan piel", ya que nuestro negocio es acerca del cuidado de la piel, y eso siempre las hace reír. Luego, hago que pongan estrellas junto a sus **30 integrantes principales de su Equipo Soñado**. Estas son las personas con las que les gustaría trabajar por los motivos que fuese. Puede que tengan un comprobado registro de éxito. Quizá tienen personalidades con magnetismo. Tal vez son influyentes en sus redes. Tal vez, solo se trata de que les gusta hacer. O, quizá, son tan tremendamente divertidos que consideran que sería un absoluto jolgorio trabajar con ellos. Ahora, tenlo en cuenta, tú no tienes la menor idea de si ellos querrán realmente participar en esto, pero este no es el punto. Tú estás identificándolos como parte de tu Equipo Soñado, exactamente como en un equipo de fútbol de fantasía, porque eres ahora la Directora General y puedes elegir "contratar" a quién se te ocurra. Que ellos acepten o no, es su elección. También les pido que identifique quién en su lista formaría parte de una "Lista Tierra". Dicho en otras palabras, esta sería la gente que te ama y apoya tanto que si estuvieses vendiéndoles terrones de tierra, te seguirían apoyando. A propósito, yo no inventé este término, lo escuché en un entrenamiento y me pareció tan adorable y brillante que lo adopté. Esta lista probablemente incluirá a tu mamá, papá, abuelos, hermana, y tu mejor amiga. He visto qué útil puede ser hacer llamadas a tu Lista Tierra junto a tu socia en la línea superior, cuando recién te estrenas en el negocio. Estas llamadas son un gran modo para comenzar a aprender muy pronto de tu socia en el negocio, poniendo rápidamente en marcha tu método de "gana mientras aprendes". También te ayuda a contar en tu haber estas primeras llamadas y mostrarte que conversar es divertido de verdad y que no morirás en el intento. He visto cómo esto ayuda a las nuevas socias a agregar sus primeros clientes, socias en el negocio y obtener recomendaciones desde el vamos. No importa si no sabes mucho todavía; tu socia en la línea superior en el negocio será quien hable más. Para los detalles de cómo ejecutar estas llamadas, aguanta. Cubriremos eso en el Capítulo 6, en "Llamadas de tres personas, ¿quién las quiere?"

Pero no puedo encontrar más que 25 personas.

O más de 40 o 55 o 100... todas hemos escuchado algún número escandalosamente bajo dicho por humanos que han estado por lo menos 20 años o más en el planeta. A esto lo llamo tontería, y se ha comprobado que es, en realidad, una tontería total.

Un artículo del *New York Times* reportó que el Americano promedio conoce alrededor de 600 personas, según los investigadores de la Universidad de Columbia. Tian Zheng y sus colegas hicieron una serie de preguntas a una muestra representativa de 1.500 Americanos: ¿Cuántas personas llamadas Kevin conoces? ¿Cuántas llamadas Karen? ¿Cuántas llamadas Shawn o Sean, Brenda, Keith o Rachel? Después de ajustar según varios factores, incluyendo los nombres que no estaban parejamente representados en las diferentes edades de la población, determinaron que los participantes conocían un promedio de 8,4 personas con esos nombres. Los registros de la Seguridad Social sugieren que 1,4% de la población tiene uno de estos nombres y 8,4 dividido por 1,4% es 600 personas. [Gelman, A. (2013). "The Average Person Knows How Many People?", The New York Times.]

Aun si eres escéptica en relación a este número o ni siquiera comprendes las matemáticas para definirlo, mira la investigación de redes sociales hecha décadas antes. El mismo artículo informaba que H. Russell Bernard y Peter Killworth, estimaban que el Americano promedio conocía aproximadamente 290 personas. Esta cifra más baja puede ser porque los nombres que usaban eran nombres comunes, como Michael y Robert, y las investigaciones muestran que las personas con nombres comunes son más difíciles de recordar que las que tienen nombres ligeramente más exóticos, como Sean y Rachel. Pero, podría ser también porque, con el alza actual de las redes sociales no se haya solo aumentado la red social de las personas, sino que se haya ayudado a mantener las personas del pasado presentes en nuestras vidas y que podamos recordarlas más fácilmente. Recuerda, no hay indicación de que los voluntarios que participaron en la investigación fuesen personas cuyas profesiones les exigiesen cultivar sus redes sociales, significando esto que el número de personas sería mucho más bajo que el de personas como nosotras, cuyo trabajo es ser un humano social y activo y hacer nuevas amistades todo el tiempo. Si nunca fuiste así, ahora lo serás. Tú puedes hacer esto.

¿No estás aún satisfecha con las cifras provistas por aquellos que han hecho una carrera en la investigación de las redes sociales? Miremos entonces a las bodas. TheKnot.com en 2013 publicó un estudio sobre las bodas de ese año que informa que la boda promedio tuvo 138 invitados. También, de acuerdo a estos gurús de las bodas, del diez al 20% de esos invitados no asistieron. O sea que la lista promedio de invitados registra entre 151,8 y 165,6. Ya que no podemos tener una fracción de una persona (aunque he encontrado personas que tienen una fracción de personalidad y, por lo tanto, no serían buenas para nuestro negocio), convengamos que el número promedio de personas de las que uno se siente lo suficientemente cerca como para invitarlas a uno de los eventos más importante de la propia vida, es de 152 a 165. Así que, por favor, no me digas que no conoces al menos 200 humanos en el planeta. Y eso es solo para comenzar.

Y aquí está la gran noticia: no importa cuánta mucha o poca gente esté en tu lista principal inicial, estarás continuamente agregando gente a esa lista. Muy posiblemente pensarás cada día en agregar nuevas personas y, al menos una vez al mes, deberías sentarte y agregar metódicamente personas a tu lista. Una buena manera de hacer esto es refrescar tu memoria a lo largo de las siguientes categorías que puedes ya conocer. Trata de colocar cuatro nuevos nombres en cada categoría durante tu sesión mensual. Haz esto y tendrás más de 100 nuevas personas para contactar.

Cuando creas que ya has agotado estas categorías, trata de hacer lo que hicieron los investigadores. Busca a través de los nombres, comenzando desde la "A" y hasta la "Z" y escribe todos los que vienen a tu mente.

Si después de todos estos ejercicios, tú o tus nuevas asociadas todavía no pueden pensar en más de aproximadamente 30 humanos que conozcan en el planeta, entonces quizá no te guste la gente lo suficientemente como para estar en esta profesión. Por lo tanto, quédate en tu rol de feliz consumidora o usuaria del producto y pasa tu lista de gente que conoces a la persona que te trajo al negocio.

> Muy posiblemente pensarás cada día en agregar nuevas personas y, al menos una vez al mes, deberías sentarte y agregar metódicamente personas a tu lista.

Comienza a actuar

Comienza a refrescar tu memoria ya mismo. Pasa 15 minutos escribiendo cuatro nombres en cada categoría y agrégalos a tu Lista Principal.

* Líderes de la comunidad, los organizadores y animadores
* Personas con las que fuiste a la escuela, al liceo, a la universidad
* Personas de la iglesia, sinagoga o templo
* Amigos de amigos
* La red de mi esposo o novio
* Colegas de trabajo presentes o pasados
* Personas de cenas, compromisos, bodas, graduaciones

* Personas que te brindan servicios: contadores, repartidor de Fed-Ex, manicura, plomero

* Profesionales: educadores, profesionales de la salud, abogados, agentes inmobiliarios

* Directorios de organizaciones sin fines de lucro y voluntarios

* Contactos de las redes sociales: Facebook, Linkedin, Instagram

* Miembros de las Cámaras de Comercio/Eventos

* Grupos de madres, madres que se quedan en casa

* Grupos: clubes de libros, grupos de juegos, grupos de happy hour

* Personas con hobbies; golfistas, tenistas, jardineros, jinetes, ciclistas, senderistas

* Grupos de activistas políticos

* Padres de los compañeros de los hijos

* Padres en todas las actividades de los hijos (deportes, clubes, escuela de religión)

* Maestros, entrenadores, instructores, mentores

* Personas en los trenes, aviones y automóviles

* Militares activos o esposos de militares activos

* Asistentes a la piscina de natación y al café

* Vecinos y vecinos del pasado

* Personas que venden cosas: casas, autos, tiendas

* Personas que aman el arte: clientes de sinfonía, ópera, artes plásticas, ballet

* Persona cuyo negocio favoreces o has favorecido

* Gente que hace

* La red social de mi hermano o de mi hermana

* La red social de mis padres

Crea tu lista cobarde.

Si no te conectas con los que están en tu lista cobarde, o sea, la gente con la que tienes miedo de hablar, ellos terminarán en el equipo de alguna otra persona, o como clientes de otro o como el que hace recomendaciones a alguien que va más rápido que tú. Considerando la tasa de crecimiento de algunas compañías y nuestra profesión en el conjunto, esto no es una conjetura: es un hecho. Por lo tanto, supérate a ti misma. Deja de contarte historias en tu cabeza acerca de lo que crees que la gente en tu lista cobarde te va a decir o pensar o hacer y, simplemente, actúa.

Seamos honestas, si las personas en tu Lista Cobarde son tan poderosas como para intimidarte terriblemente o crear historias apocalípticas en tu cabeza, entonces, ¿no son exactamente las personas que quieres en tu equipo o al menos como evangelistas para tus productos o para conectarte con sus redes?

Te imploro contactar ya mismo con cada persona que te haga temblar o te dé ganas de vomitar cuando pienses que debes acercarte a ellas. Después de todo, la razón por la cual están en tu lista cobarde es probablemente porque te gustaría tenerlas en tu equipo. Te prometo que no morirás. Solo hazlo.

Había una persona que estaba en mi lista cobarde cuando comencé. Era la última jefa que había tenido y digamos que mi despedida de la empresa no había sido del todo agradable. Aunque nos habíamos despedido en términos no muy felices, no podía negar que esta mujer tenía grandes habilidades en el negocio y capacidad para tratar con la gente, y ella hubiera sido una de las primeras personas que habría llamado. Sin embargo, a pesar de que no estaba para nada preocupada por lo que los demás pensasen que estaba haciendo, me sentía terriblemente nerviosa ante la idea de contárselo a ella. Sinceramente, no puedo recordar por qué. Creo que tenía que ver con que desde afuera me parecía que ella estaba tan enamorada de su carrera de mercadeo y del tener una agencia, que yo quizá temía que ella creyese que yo había renunciado a algo mejor o que estaba loca de dejar las Relaciones Públicas (o vaya a saber qué otras historias yo estaba inventando en mi cabeza). En verdad, no tenía la menor idea de lo que ella pensaría. Ninguna de nosotras sabe lo que piensan los demás, así que todo el tiempo y energía que pasas especulando, es un desperdicio.

> Ninguna de nosotras sabe lo que piensan los demás, así que todo el tiempo y energía que pasas especulando, es un desperdicio.

Un día, unos tres meses después que había lanzado mi negocio, ella me llamó para ver si quería aceptar un contrato de trabajo de relación con los medios para un cliente de ella. De mi boca salieron velozmente las siguientes palabras: "Siento mucho no poder ayudarte, pero estoy dejando mi carrera en Relaciones Públicas. Encontré algo que me resulta mucho más divertido y mucho más lucrativo, pero muchas gracias por contactarme. ¿Qué te parece que te envíe el nombre y la información de alguien que creo sería perfecta para el trabajo?"

"Seguro," tartamudeó, "me parece genial". Y nos despedimos. Menos de una hora más tarde me envió un correo electrónico preguntándome si podíamos encontrarnos esa tarde para tomar un café. Había estado hurgando en Facebook y vio lo que yo estaba haciendo y quería hablar acerca de ello. En nuestro encuentro, me mencionó todas las razones por las cuales ella debería ser parte de esto. ¡La que estaba en mi lista cobarde se estaba reclutando a ella misma! Después de nuestro café y charla, se anotó. Eran diez días antes de la primera convención nacional de nuestra compañía y vino conmigo. Su nombre es Bridget Cavanaugh y se ha convertido en una de las jugadoras más valiosas de nuestro equipo y de toda la compañía. Es de las que ganan siete cifras y es una de mis más confiables y eficientes socias. Y este negocio también sanó la amistad que había estado fracturada, hizo crecer nuestro mutuo respeto y desarrolló un gran amor entre nosotras y nuestras familias.

Me da escalofríos pensar que hubiese sucedido si ella no hubiese precisado una ayuda de Relaciones Públicas, porque yo no tenía planes para llamarla, y una de mis otras compañeras de equipo en nuestra ciudad podría haberla contactado muy fácilmente.

No seas una cobarde. Te podría costar millones e impedirte vivir la vida que realmente deseas.

Administra tu Lista Principal.

Escribir tu lista en un bloc de papel es una buena manera de comenzar cuando eres nueva. Es fácil y duplicable. Pero no es un sistema eficiente para el largo recorrido. Una vez que mi nueva socia en el negocio atraviesa sus primeras doce conversaciones, la animo a que encuentre un sistema mejor de administración de su lista. Ya que vas a querer tomar notas cuando hables con tus contactos, lo que dijeron, los próximos pasos y cualquier otra nota importante para usar en el seguimiento, hay que tener lugar para esta información y la capacidad de editarla.

Algunas de las constructoras de negocio prefieren las fichas organizadas en cajas y separadas por divisores con fechas que indiquen cuándo hacer la llamada de seguimiento. A otras les gusta usar un cuaderno con notas después de cada nombre, o escribir una nota en el teléfono (aunque me asusta pensar lo fácil que es perder este tipo de datos), o páginas Excel. Yo trabajaba en un documento Word con un índice de años incorporado porque, en verdad, soy más rápida escribiendo en Word que en Excel. Cualquiera de ellos te permite usar fáciles funciones de "buscar" que te permitirán encontrar a la "azafata" de tu lista cuando el blog de tu compañía justo acaba de lanzar una historia de éxito de una azafata que se jubiló porque superó lo que ganaba en su empleo. Pero, por supuesto, ahora hay más de una aplicación—unas cuantas, en realidad—para mantenerte organizada. Mi preferida es Penny (pennyapp.com).

No importa qué método uses, debes comprender que tendrás desparramadas por todas partes las listas que vas creando. Después de todo, no podemos decidir siempre cuando nuestra memoria va a ponerse a trotar. Solo prométete a ti misma que recogerás todos esos nombres escritos detrás de sobres o en cualquier libreta o en notas en tu teléfono y que los transferirás a tu Lista Principal. Te sentirás muy agradecida por esta simple práctica disciplinada.

Agrega a tu lista todos los días.

La clave para agregar todo el tiempo nombres a tu lista, es salir de tu casa y hacer todos los días, nuevos amigos. Ve allí donde está la gente. En vez de conducir tu auto hasta la ventanilla externa del banco o comprar tu café Starbucks desde el auto, ve adentro y haz la fila donde te encontrarás con otros humanos. Si trabajas desde tu casa, múdate a veces a diferentes cafés y habla con los vecinos de tu mesa. Involúcrate en hobbies que incluyan gente. Acepta invitaciones. Cuando estés en un avión, nunca te duermas o uses tapones en los oídos hasta que no hayas conversado a fondo con todas las personas a tu alrededor. Continúa enamorándote de las personas—conectándote con ellas y descubriendo si tienes algo valioso para ellas.

> La clave para agregar todo el tiempo nombres a tu lista, es salir de tu casa y hacer todos los días, nuevos amigos.

Sé bien lo difícil que esto puede ser. A veces, todavía sigue siendo difícil para mí también. Soy lo que se considera una introvertida extrovertida o una extrovertida introvertida (nunca recuerdo cuál de las dos). Pero lo que quiero decir es que, aunque me gustan las personas y obtengo energía al estar con ellas, después de un rato preciso estar sola. Felizmente a solas. Sin embargo, lo que he aprendido es que en tanto me tome pequeños momentos de tiempo para mí misma para recargarme—tan poco como 15 minutos de meditación o lectura—me resulta más fácil alcanzar el nivel de socialización requerido para florecer en este negocio centrado en las personas. Acepto todas las invitaciones que me hacen para encuentros sociales, a menos que tenga una buena excusa (como ser que los niños estén enfermos o que tenga una invitación aún mejor). Esta mañana misma tuve que lidiar con la invitación a un "Día de Salida de las Mamás" para visitar una tienda de soplado de vidrio. Tengo por delante una semana con invitados en casa, seguida por una semana de viaje para esquiar con John y los niños, chocando con las tareas de fin de mes de nuestro negocio y tratando de terminar este libro. Así que mi reacción emocional automática esta mañana fue: "Oh, Dios santo, no hay forma de que yo pueda hacer una cosa más". Pero luego, mi avezado cerebro de constructora del negocio apareció y miró a todas las otras personas que estaban invitadas. "Eso es un montón de carne fresca", me dije y pinché "Sí" en el RSVP.

Lo comprendo: estás cansada. Está nevando. Has estado hablando con gente toda la semana. Tus niños han absorbido cada pequeño fragmento de energía que te hubiese quedado. Tu sillón y tu película favorita te están llamando. Pero, recuerda cuán fuertemente tú quieres esto. Y levántate y sale.

Ah, ¿y los días de salir cuando luces horrible? Se terminaron. Porque cuando tenemos que llevar nuestro negocio allí donde vamos—tenemos que estar listas para hacer nuevos amigos y debemos estar presentables en todo momento. No te confundas, no estoy sugiriendo que precisas estar perfectamente peinada y vestida de diez cada vez que sales. Simplemente, quieres sentirte bien y confiada y hacer que las personas que encuentres piensen que luces bien y les causes una buena impresión. Dicho de otro modo, si se te ve horrible, nadie va a querer usar lo que tienes para ofrecer o construir un negocio para tener una vida como la tuya.

Entonces, cuando ya estás afuera, ¿qué haces con todas las personas que encuentras? Empiezas conversaciones amigables y miras si la persona te retribuye lo mismo. Si no lo hacen, entonces sabemos que no servirán para lo que hacemos. Pero, si sonríen y entablan una conversación y son humanos agradables, puedes hacerles preguntas de modo de conocerlos un poquito mejor. Tu intención no debería ser vomitarles todo acerca de tu negocio. Este no es un proceso de gratificación instantánea. En cambio, encuentra una razón para intercambiar información de contacto de modo de que puedas continuar la conversación con ellos en otro momento. Llamo a esto "obtener dígitos".

Siempre me gusta preguntar a las personas si son locales. Si no lo son, habitualmente agregan de dónde provienen. Eso da una gran oportunidad para mencionar: "Ah, mi negocio se está expandiendo a [al lugar de dónde provienen]. Me gustaría preguntarte en algún momento a quien conoces allí que pudiese ser apto para lo que hago. Intercambiemos información de contacto". Y luego vas a casa, agregas a esa persona como un amigo en Facebook, y pones en tu agenda un recordatorio para llamarlo al día siguiente o algo así.

También conozco mejor a un montón de nuevas personas, ofreciéndoles ser un recurso para ellas. Si una conversación conduce a alguien que está buscando una niñera o un peluquero de perros, ofrezco recomendarles a alguien. Me agrada genuinamente ser un recurso para otros y esto me permite además obtener su información de contacto y mantenerme en contacto con ellos. Nuevamente, esto no es gratificación instantánea. Es acerca de construir una relación. Yo los ayudo y entonces puedo pedirles que busquen en su cerebro, quién en sus redes puede ser alguien adecuado para mi negocio.

Cuando andas por todas partes, obligatoriamente te toparás también con personas que ya conoces. Ten una amable conversación con ellas y luego agrega: "Justo estaba por contactarte. Comencé un nuevo negocio y me gustaría consultarte algo. ¿Puedo llamarte por teléfono mañana a la mañana? ¿Qué hora te viene mejor, las nueve o las 10:30?".

Otra destreza clave es la de mantener tus oídos abiertos. Ahora que estás construyendo un negocio con productos o servicios y un modelo de negocio que puede ayudar a la gente, presta atención a las oportunidades de ofrecer una solución al problema de alguien. Si estás hablando con una madre al costado de la cancha de fútbol de los niños y ella admite haberse perdido las últimas tres fechas por culpa de su trabajo, deberías responderle: "Tal vez deberías considerar lo que hago yo. Podrías construir un negocio aparte que te liberase de tu horario de trabajo fijo. No sé si te interesará, pero probablemente vale la pena que le eches un vistazo. Intercambiemos nuestra información de contacto y te llamaré mañana a la noche. ¿A qué hora estás libre después de poner a los niños a dormir?"

> **Presta atención a las oportunidades de ofrecer una solución al problema de alguien.**

Si durante tus vacaciones encuentras a alguien en la piscina que se queja de que esta es la primera vacación que se toma en años porque tiene poco tiempo libre y poco dinero, tú le dices: "Tal vez deberías echar un vistazo a lo que hago yo. Podrías construir un negocio aparte de tu empleo para conseguir los fondos para tus vacaciones y que, incluso, algún día, te diera más libertad. No sé si será apto para ti, pero vale la pena que le eches un vistazo. Intercambiemos nuestra información de contacto y pongámonos en contacto cuando regresemos a casa".

El mismo concepto se aplica cuando oigas acerca de problemas que tus productos pueden resolver. Trata de escuchar más y te sorprenderás con la cantidad de oportunidades que aparecen para compartir.

Me encanta mirar a los mejores reclutadores de nuestro equipo y cómo llevan su negocio allí donde vayan. Ven el mundo entero lleno de posibilidades. Y no es que anden por ahí vomitando sobre la gente información acerca de nuestro negocio y productos o servicios. Son genuinamente amistosos y hacen nuevos amigos en todas partes. Como una de nuestras más importantes constructoras de negocio, Kim Krause. Kim hace nuevos amigos allí donde va. Le encanta hablar con la gente y comienza conversaciones sin otro motivo que conectarse con otros humanos. Si le dan una respuesta tibia, no se lo toma personalmente y no deja que eso le impida seguir siendo amigable.

Kim ha encontrado futuros socios para el negocio y clientes en aviones, en hoteles donde tomaba vacaciones, haciendo compras, en las actividades de sus hijos y en los restaurantes. Todas esas conversaciones expandieron sus redes y contribuyeron a su ingreso de siete cifras.

El mundo está lleno de personas que conoces y otras que puedes conocer, de modo que nunca se terminan las personas a las puedas hablar. Continúa leyendo para que te enseñe cómo usar esta lista. Porque la lista más larga del mundo no te servirá, ¡si no contactas a las personas en ella!

CAPÍTULO 4

¿Cuál es tu historia?

Antes de que pueda decirte cómo hablar con la gente acerca de tu negocio y tus productos o servicios, primero tenemos que estar seguras de que sabes cómo hablar acerca de ti misma. En nuestro negocio, se nos paga como contadoras de historias. Así que, cuánto mejor narradora resultes, más exitosa serás. Es importante saber cómo crear y revisar tu propia historia, y también cómo editar las historias de las integrantes de tu equipo. Debes aprender también cómo adaptar tu historia para conectar con la persona con la que estás hablando, para ayudarla a ver lo que hay en ella que le pueda servir. Te explicaré entonces por qué deberías tener una biblioteca de historias en permanente crecimiento.

Cuando compartimos información sobre nuestros negocios, contamos también la historia de nuestras respectivas compañías. Historias acerca de nuestros productos o servicios y por qué son diferentes, los premios y los rankings, la atención de los medios de comunicación, y mucho más. Si cuentas esas historias del modo correcto, todo lo que dices deberá ser un hecho irrefutable. Lo último que deseas es contar historias llenas de mentiras. Si necesitas embellecer estas historias, entonces no estás bien informada acerca de tu compañía o estás en la compañía equivocada.

Aunque los hechos son importantes, no son de ningún modo lo único. Como se dice habitualmente: "Los hechos cuentan, pero las historias venden". Y es verdad. Los humanos actúan según la emoción. Cualquier revista de psicología te confirmará que los humanos no son seres racionales sino seres que racionalizan. Decidimos que queremos comprar algo y después nos ponemos a buscar razones que demuestren que es una buena idea hacerlo. Decidimos comenzar un negocio y después nos ponemos a buscar razones que demuestren que es una buena idea hacerlo.

> Se nos paga como contadoras de historias. Así que, cuánto mejor narradora resultes, más exitosa serás.

Una historia convincente es lo que te permitirá aproximarte emocionalmente a las personas. Capturando su atención con el PORQUÉ que hizo que quisieras empezar un negocio propio, lo que has hecho con él (o vas a hacer con él) y cómo alguien como ellas puede hacer algo semejante, creará una conexión emocional. Una historia bien elaborada es un hecho **envuelto en emoción**.

Primero, sin embargo, hay algo que tenemos que aclarar. Hay muchos dueños de negocio que llaman a su historia como su PORQUÉ. No son la misma cosa. Como discutimos en el Capítulo 2, una de las primeras cosas que haces cuando empiezas con tu negocio es manifestar tu PORQUÉ—tu motivo para hacer este negocio. Ya sabes que tu PORQUÉ tiene que ser lo suficientemente grande e importante como para llevarte a construir consistentemente este negocio, incluso cuando estás cansada, desanimada, súper ocupada y cuando la vida te interrumpe.

Pero tu PORQUÉ no es tu historia. Es una parte de tu historia. Entonces, cuando desarrolles o corrijas tu PORQUÉ y escribas y reescribas tu historia, por favor ten en cuenta de que son dos cosas diferentes.

Los elementos de tu historia importan.

Las breves historias personales se escriben según una fórmula y, una vez que la aprendas, serás capaz no solo de elaborar tu propia poderosa y convincente historia sino que serás capaz de enseñar a tu equipo como hacerlo. Esta es la fórmula:

1) Quién eres y dónde has estado
2) Qué sucedió en tu vida para que quisieses buscar algo más
3) Cómo te enteraste de la existencia de tu compañía y por qué quisiste ser parte de ella
4) Qué es lo que el negocio está haciendo o hará por ti

Estas breves historias son breves. Estamos hablando de 45 segundos a un minuto. De verdad. Así que cuando creas que has comprendido cómo contarla, mide el tiempo. Hay mucha gente en nuestra profesión que anda contando historias cortas durante dos o más minutos. Recuerda, la persona a la que le estás hablando acerca de tu negocio y tus productos, **es más importante que tú.** Entonces, cuenta tu historia motivadora y luego dedícate a la persona y a sus preguntas. Por supuesto, puedes explayarte más tarde acerca de partes de tu experiencia para responder a una pregunta o probar algún punto, pero tu historia tiene que ser veloz, convincente y sin nada redundante o superfluo en ella.

Cuando comencé mi negocio, esta era mi breve historia. La dividí en los correspondientes elementos de una breve historia:

1) Quién eres y dónde has estado
   Durante toda mi carrera he estado atada al trabajo por hora y dependiendo de la necesidad y llamados de mis clientes—primero como abogada y después como ejecutiva de Relaciones Públicas.

2) Qué sucedió en tu vida para que quisieses buscar algo más
Pero, como mamá de dos niños pequeños, quiero más flexibilidad, controlar mi propio horario y ganar más dinero para avanzar. Algo difícil de alcanzar como mamá que trabaja, pero he encontrado el modo de lograrlo.

3) Cómo te enteraste de la existencia de tu compañía y por qué quisiste ser parte de ella
Una de mis clientas de relaciones públicas me presentó a (mi compañía). Ella me había contratado para promocionar un negocio en el que estaba invirtiendo lo que ganaba en su trabajo paralelo (mi compañía). Inmediatamente, me di cuenta de que este era el modo de crear mi estrategia de salida del mundo corporativo norteamericano y llegar al estilo de vida que realmente quiero.

4) Qué es lo que está haciendo o hará por ti
Estoy entusiasmada con hacer crecer un equipo y una base de clientes alrededor de mi consultoría de Relaciones Públicas, los chicos, y todas las cosas que hoy me ocupan, para crear el estilo de vida que realmente quiero. Y también me emociona ayudar a otras mujeres a tener más opciones.

Y aquí está cómo fluía todo junto:
Durante toda mi carrera he estado atada al trabajo por hora y dependiendo de la necesidad y llamados de mis clientes—primero como abogada y después como ejecutiva de Relaciones Públicas. Pero, como mamá de dos niños pequeños, quiero más flexibilidad, controlar mi propio horario y ganar más dinero para avanzar. Algo difícil de alcanzar como mamá que trabaja, pero he en-

contrado el modo de lograrlo. Una de mis clientas de relaciones públicas me presentó a (mi compañía). Ella me había contratado para promocionar un negocio en el que estaba invirtiendo lo que ganaba en su trabajo paralelo (mi compañía). Inmediatamente me di cuenta de que este era el modo de crear mi estrategia de salida del mundo corporativo norteamericano. Estoy entusiasmada con hacer crecer un equipo y una base de clientes alrededor de mi consultoría de Relaciones Públicas, los chicos, y todas las cosas que hoy me ocupan, para crear el estilo de vida que realmente quiero. Y también me emociona ayudar a otras mujeres a tener más opciones.

¿Qué hice en esta historia? Acerqué a la persona a mi vida—dónde estaba, lo que estaba sintiendo, lo que quería y también dónde esto iba a llevarme. ¿Te sentiste más próxima a mí? ¿Había algo en mi historia que hiciese que te identificases? Seguramente. No con todo, por supuesto, pero sí con algunos aspectos.

¿Podría haber dicho mucho más? Seguro. Pero con 49 segundos, ofrecí una base firme para nuestra conversación. Si la persona con la que estoy hablando es una mamá o una persona con una carrera (o una persona con una carrera anterior) que ha tenido que lidiar con ese difícil equilibrio en la vida que todas buscamos, o es alguien que está tratando de avanzar, o que conoce personas así, tendré una conexión con ella lo suficientemente fuerte como para hacer que se siente y me escuche activamente.

Esto es lo que deberías dejar afuera.

Lo que dejas fuera de tu historia es tan importante como lo que pones. Asegúrate de dejar las siguientes cosas afuera:

Cosas que no son esenciales a tu historia.

Llamo a esto el relleno extra que en realidad no agrega nada. Como materia principal estudié periodismo y siempre se nos enseñaba que si has escrito 100 palabras pero puedes decir lo mismo en 50, entonces corta las que sobran. Es lo mismo con nuestras historias.

Para cortar ese relleno extra, tienes que ser despiadada con la edición. Sé que eso es difícil porque todas estamos encariñadas con nuestras historias—es lo que somos. Es por eso que es útil que tus socias en la línea superior la revisen, así como también alguien que no esté en el negocio y que pueda hacer una edición objetiva, tal como tu esposo, tu mejor amiga o tu madre.

Sugerir conductas que no quieres que tengan.

Esto sucede todo el tiempo y me hace sentir vergüenza ajena. Recuerda que con cada cosa que dices y haces estás enseñando a la gente cómo se hace este negocio. Así que si en tu historia incluye "Había oído acerca de mi compañía e inmediatamente averigüé todo lo que pude sobre ella en las dos semanas siguientes", lo que estás haciendo es pegarte un tiro en el pie. En serio, ¿quieres que la gente haga eso? ¿No quieres más bien que ellos revisen lo que les mandes como información por correo electrónico y se sumen a una llamada de tres y tomen una decisión?

> Recuerda que con cada cosa que dices y haces estás enseñando a la gente cómo se hace este negocio.

Y qué tal esto, ¡de no creerlo!: "Usé los productos durante dos años antes de convertirme en una representante de la compañía". ¡Grito de terror! Si ya eras antes una consumidora del producto o servicio, no te digo que mientas. Solo te estoy diciendo que no lo menciones. ¿Para qué plantar en la gente la semilla de que deberían usar el producto antes de comenzar su negocio? Puedes cantar loas al producto o servicio, sin implicar que alguien debería ser primero un consumidor o usuario antes de crear el negocio. De hecho, en nuestra compañía y especialmente en nuestro equipo, tenemos miles y miles de personas que confiaron en los estudios clínicos, boquiabiertos las imágenes de antes y después, de las historias de éxito y de nuestra garantía de 60 días, para incorporarse al negocio sin tener que usar primero los productos. Si el hecho de que primero te enamoraras de los productos fue el motivo de que te unieras al negocio, entonces puedes incluir algo así como: "Me encantó la idea de ser capaz de tener la mejor piel de mi vida (dando a mi cuerpo la nutrición adecuada o lo que tu producto o servicio ofrezca) y siendo pagada por ello".

Testimonios personales sobre el producto.
Creo fervientemente que las historias de productos no deberían estar incluidas en tu breve historia, seas una recién llegada al negocio o una experta veterana. Si incluyes un testimonio personal sobre el producto, sugerirá a los futuros y nuevos creadores de negocio que tienen que tener su propia historia personal con el producto antes de comenzar a hablar del negocio y de sus productos. Es por eso que no incluí ninguno en mi breve historia cuando lancé mi negocio. Diablos, ¡comencé a hablar con la gente antes de que mi kit con los materiales del negocio me llegase!

Un testimonio personal de los productos, si es que tienes uno, puede ser ofrecido en otras partes de tu conversación. Más acerca de esto, un poco después.

Un final que no contenga cuantificables.

Nuestras breves historias deben todas confluir hacia un clímax convincente. Cuando recién comienzas, tu historia describe lo que crees que este negocio hará por ti. En la medida en que tu negocio va creciendo, serás capaz de compartir lo que me gusta llamar como "cuantificables". Sí, la palabra es un poco inventada por mí. De acuerdo al diccionario "cuantificable" es un adjetivo, pero yo lo transformé en un sustantivo porque describe perfectamente lo que debería figurar al final de tu breve historia. Dicho de otro modo, los cuantificables son las cifras que muestran el crecimiento y lo que el negocio está haciendo por ti.

Por cuantificables, no me refiero a todas las increíbles personas con las que ahora trabajas, o la activa vida social que este trabajo te ha proporcionado, o cómo este negoció te enseñó a ir más allá de tu zona de confort. Todo esto es un material maravilloso y puedes decidir incluirlo en tus 45 segundos o un minuto. Sin embargo, las mayores preguntas que la gente tiene cuando considera un negocio como el nuestro, es alguna variante acerca de "¿Este modelo de negocio realmente funciona y puedo yo hacerlo también?" Así es que mientras que algunos se te unirán por el cálido y borroso lado de los beneficios laterales, que han sido maravillosos, la mayor parte de las personas querrá dedicarse a su propio negocio llave en mano para pagar algo. Para citar al legendario Cuba Gooding Jr., en la película *Jerry Maguire*, "¡Muéstrame el dinero!"

En nuestro negocio, el Código de Ética de la Asociación de Ventas Directas (DSA) nos prohíbe revelar el monto real de nuestras ganancias. Sin embargo, podemos pintar la imagen de cómo estamos creciendo y cuánto estamos ganando, ilustrando y explicando lo que cada cheque nos permite hacer durante un tiempo determinado. Grandes ejemplos incluyen aquello que ahora puedes pagar ("Estoy cubriendo todos los gastos de las actividades de los chicos"), o cómo lo que ganas se compara con lo que ganas o ganabas en tu actual o pasado empleo ("Hace solo diez meses que estoy en este negocio y ya estoy ganando la mitad de lo que gano en mi empleo de tiempo completo").

Después de mi primer mes en el negocio, fui capaz de agregar algunos cuantificables muy convincentes. "Después de apenas un mes en el negocio, tengo un grupo de felices clientes cuya piel está cambiando; yo pude recuperar mi inversión inicial y pagar la cuota del auto".

Después de mi segundo mes, mi historia fue in crescendo: "En mi primer mes tuve ganancias y pagué la cuota de mi auto. Ahora, después de apenas dos meses de trabajar en mi negocio dentro mi muy ocupada vida, he formado un equipo de seis personas en Montana y California. Tengo clientes felices en cuatro estados, gané bonos y tres promociones. Y, ¡acabo de pagar mi hipoteca!". Estos son, por cierto, cuantificables que van a llamar la atención de alguien.

Si donas tiempo o dinero a causas caritativas porque tu negocio te lo permite, deberías incluir eso. "Porque pude dejar mi empleo de tiempo completo, ahora puedo ser voluntaria en el hospital durante unas horas cada semana", o "Estoy en condiciones de ayudar a una organización que empodera a mujeres marginales en países del tercer mundo". Incluso si la filantropía es tu motivo primario para construir tu negocio, creo que de todos modos deberías igualmente incluir los cuantificables monetarios.

Tu historia puede ser un gran punto de partida para tener más conversaciones. Si la última parte de tu historia es, "Soy capaz de pagar todas las cuentas de mi hogar con mi cheque, lo que nos deja más dinero libre para nuestro fondo de vacaciones", imagina cómo podrías dirigir la conversación hacia la otra persona preguntándole, "Si tuvieras un ingreso extra para cubrir tus gastos corrientes, ¿qué es lo que te encantaría hacer?"

Tu historia evolucionará.

Porque tu negocio evolucionará, tu historia también lo hará. Tómate unos pocos minutos y revísala cada mes después de haber recibido tus ganancias. Mientras tienes más y más conversaciones y te sientes más cómoda hablando acerca de tu negocio, tendrás una mejor visión acerca de qué partes de tu historia son más convincentes y cuáles no lo son.

Encontrarás también que, en la medida en que te sientes más cómoda y comienzas a experimentar el éxito, puedes querer ser más auténtica con tu historia. He visto muchas veces que la primera historia de una socia en el negocio no es la "verdadera" y que les llevó un cierto tiempo aceptar la vulnerabilidad que aparece cuando se cuenta la propia verdad. Pero tu poder reside en tu verdad. Cada vez que una de nuestras socias en el negocio rehízo su historia para revelar su historia verdadera, comenzó a atraer más personas y a crecer más rápido.

> Las personas son atraídas por lo auténtico, entonces no temas compartir tu verdadera historia, aun antes de sentirte cómoda haciéndolo.

Las personas son atraídas por lo auténtico, entonces no temas compartir tu verdadera historia, aun antes de sentirte cómoda haciéndolo.

Miremos un poco la evolución de la historia de nuestra socia en el negocio y amiga, Layton Griffin. Cuando comenzó en el negocio, su historia era: chica trabaja en política durante una década; chica decide tener un bebé y se convierte en una mamá que se queda en casa; a la chica se le presenta esta oportunidad y rápidamente se da cuenta de qué increíble que es; se mete en el negocio, le va bien y se entusiasma tanto que su marido, que ama su trabajo, podrá permanecer en él tanto como lo desee y no tener que correr detrás de un cheque para pagar las necesidades y sueños que aumentan. No estaba mal. Pero su amiga íntima y compañera en el negocio, la valiosa socia constructora de negocio Lauren Myers un día le dijo que su historia era sosa. Layton estuvo de acuerdo en que era mediocre, pero argumentó que no tenía nada profundo u oscuro, o desesperación o causa que la motivasen.

Pero Lauren la desafió: "Porque me conoce bien, Lauren me recordó que en realidad yo sí tenía una historia y que era solo cuestión de forzarme a ser más vulnerable. Lo que es gracioso, porque creo ser un libro abierto, pero, por algún motivo, no estaba siendo abierta y honesta cuando llegué aquí".

La historia de Layton entonces se volvió real: "Ahora, cuando cuento mi historia, comienza con la década en la política y haciendo el cambio a ser una mamá en casa y a estar embarazada de cuatro meses con nuestro segundo hijo, cuando mi marido tuvo un dramático cambio en su carrera. Siendo que soy el producto de dos bancarios y no estaba trayendo a casa ningún ingreso, estaba aterrorizada. En los cuatro meses que mi marido pasó considerando sus opciones y buscando para la mejor y más apta solución para él, agotamos cada centavo de nuestro fondo de emergencia. Probablemente, no hubiera dado a la oportunidad de este negocio tanta consideración como le di cuando se presentó, si no hubiese atravesado ese terrible año de miedo, todavía soportando el muy lento proceso de reconstruir ese fondo de emergencia, ahora con dos bocas más para alimentar y un trabajo nuevo que inicialmente pagaba a mi marido bastante menos de lo que ganaba anteriormente. Pero, viendo lo feliz que era, cómo lo apreciaban y, como resultado, qué felices éramos, nunca quise que él se viese obligado a abandonar un trabajo tan gratificante para buscar otro con una paga mayor. Este negocio fue la oportunidad para reconstruir nuestra red de seguridad y lidiar con los gastos inesperados que han aparecido. Ahora me he propuesto equiparar el ingreso de mi marido, que es sustancialmente más que el salario que abandonó, lo que lo entusiasma mucho. En el proceso habremos reconstruido nuestros ahorros a más de lo que eran cuando precisamos usarlos hace solo cuatro años. Tenemos seguridad, y esto no tiene precio"

Layton está mucho más conectada con su historia ahora y puede decir que la gente con la que habla se compromete más también, lo que ha hecho que contactarlas sea a la vez más divertido y más productivo. Su coraje para ser auténtica y vulnerable ha sido decididamente un factor que contribuyó fuertemente al acelerado crecimiento, ¡que le permitió hacerse de un lindo botín!

He aquí cómo hablar de un comienzo lento.

¿Y qué si has estado haciendo esto durante un tiempo sin tener mucho éxito pero has decidido aumentar el esfuerzo? Nuevamente, siempre busco la autenticidad, así que di la verdad. Tal vez tu verdad es:

Durante el último año, me encantaron los descuentos al por mayor, las deducciones de impuestos al negocio desde casa, pero he tratado esto como un hobby. Estoy rodeada de historias de éxito, las que suceden cuando tratas a esto como un negocio y estoy lista para entrar en carrera. Estoy buscando a gente que quiera correr conmigo. ¿Eres tú una de ellas?

O:
Cuando comencé, yo misma obstaculizaba mi camino hacia el éxito.. No era entrenable y dejé que el miedo paralizara lo mejor de mí. Pero, estoy rodeada de historias de éxito, de lo que sucede cuando eres entrenable y sigues el sencillo y duplicable negocio. Y no voy a dejar que el miedo me impida alcanzar mis metas.

Adapta tu historia para tu público.

En la medida en que vayas sintiéndote cada vez más cómoda con tu historia, serás capaz de adaptarla basándote en lo que crees te conectará mejor con cada persona. Por ejemplo, cuando estoy hablando a una mamá que se queda en casa y que no ha estado en el mundo del trabajo por años o nunca, minimizo mi carrera potente y me oriento más en ser una mamá que quiere tenerlo todo. Si estoy hablando con alguien que no tiene hijos ni deseos de tenerlos, menciono solo al pasar que soy una mamá para ilustrar que poquito tiempo libre tengo, pero no uso el resorte emocional en el tener más flexibilidad para mis niños.

Crea tu biblioteca de historias.

Como ya hemos dicho, una de las más importantes preguntas que tus futuros socios tienen es: "¿Puedo hacer esto?". La mejor manera de darles confianza es demostrarles que alguien exactamente como ellos lo está haciendo. No obstante, no siempre serás tú ese alguien como ellos. Entonces, el mejor modo de demostrarlo, es a través de las historias de otros creadores de negocios. Te animo—en realidad, te imploro—que seas disciplinada para coleccionar historias, del mismo modo en que coleccionarías libros si estuvieses formando una biblioteca. Tu colección debería incluir todos los diferentes tipos de personas—hombres, mujeres, parejas, varias edades, y un amplio espectro de antecedentes.

Aquí hay unos cuántos para agregar a tu biblioteca:

* Mamás que se quedan en casa

* Profesional con un trabajo de tiempo completo

* Mamá que trabaja

* Mamá soltera

* Abogada

* Profesional inmobiliaria

* Profesional de finanzas

* Azafata

* Maestro

* Trabajador social

* Estudiante

* Profesionales médicos (doctores, asistentes de médicos, enfermeras,

* quiroprácticos, masajistas, terapeutas físicos)

* Hombre (si tu compañía está ampliamente concentrada en las mujeres)

* Pareja construyendo juntos

* Alguien que no pudo pagar el paquete de materiales inicial, pero que encontró el modo de hacerlo y lo que hizo con el negocio

* Alguien con una historia de éxito en el primer o segundo mes que demuestre que una rápida recuperación de la inversión es posible

Serás capaz de compartir estas historias en conversaciones con tus candidatas y en llamadas de tres personas. De hecho, no hay una mejor herramienta para responder objeciones que las historias de éxito (permanece sintonizado, cubriremos las objeciones en el Capítulo 7). Te animo a crear en tu equipo una cultura de compartir historias.

> No hay una mejor herramienta para responder objeciones que las historias de éxito.

Cuando reconozcas a los integrantes de tu equipo, asegúrate de compartir también un poco sobre ellos, de modo que los demás puedan agregarlos a sus bibliotecas. Incluye una historia de éxito destacada en la newsletter de tu equipo o en el grupo Facebook del equipo. Si tienes la suerte de tener un blog de la compañía que publique sobre tus colegas como el que tenemos nosotros (y con una gran función de búsqueda), léelo religiosamente y asegúrate de compartir las historias relevantes con tus futuros y nuevos socios en el negocio. Y he aquí un valioso beneficio lateral al coleccionar estas historias–estarás constantemente construyendo tu confianza en la compañía y en que tú, también, puedes alcanzar tus metas.

¿Cuál es tu historia personal del producto o servicio?

Como ya establecimos, cuando lanzas tu negocio, quizá no tengas una historia personal de tu producto. En nuestra compañía, no es infrecuente comenzar a hablar con la gente y a compartir información acerca del negocio o nuestros productos antes de haber recibido nuestros productos.

Cuando eres nueva y aún no has usado los productos, sé honesta si alguien te pregunta si ya los has usado. "No veo la hora de recibir mis productos. Me impactaron tanto los (estudios clínicos, fotos de antes y después, testimonios) que no quise esperar para comenzar a construir mi propio negocio".

Una vez que hayas usado los productos, tendrás tu propia historia. Cuando la tengas, fíjate de seguir las mismas reglas que aprendiste para tu breve historia. En la medida en que tu compañía lance nuevos productos y servicios, usa todo lo que puedas de modo de poder hablar personalmente de ellos. Y, como con las breves historias del negocio, colecciona una biblioteca de historias de productos o servicios de toda la compañía. Por ejemplo, yo no tengo una piel sensible, pero pude vender un montón de nuestros productos para pieles sensibles porque coleccioné historias y fotos verdaderas de resultados de aquellos que vieron su piel transformada.

Los hechos cuentan pero las historias venden. Por lo tanto, cuánto más pronto te conviertas en una buena creadora, editora y coleccionista de historias, mejor estarás en este trabajo. Si estás constantemente alimentándote con historias acerca de cómo tu compañía y tus productos están impactando positivamente en la vida de las personas, aumentarás tu fe y serás también capaz de inspirar a los demás.

> Los hechos cuentan pero las historias venden. Por lo tanto, cuánto más pronto te conviertas en una buena creadora, editora y coleccionista de historias, mejor estarás en este trabajo.

CAPÍTULO 5

Cómo hablando fui haciendo mi camino hacia las 7 cifras y cómo tú también puedes hacerlo

Ya hemos establecido que para hacer crecer un gran negocio tendrás que hablar con mucha gente. Eso es lo que yo hice. Hablo por experiencia cuando digo que ganar un millón de dólares en esta profesión no es fácil. Requiere un duro trabajo. Un trabajo consistente. Conlleva miles de conversaciones—con las personas que conoces, las personas que vas a conocer y las personas que te presentará tu equipo. Eso es lo que yo hice. Primero, fui hablando y haciendo mi camino para recuperar mi inversión. Luego seguí hablando en mi camino para equipar mi ganancia con mis ingresos como relacionista pública. Luego, para ayudar a John a retirarse de la medicina clínica. Finalmente, seguí hablando para hacer mi camino para alcanzar un ingreso de siete cifras. Y, ¿adivina qué? Tú también puedes hacerlo.

O sea que, si has leído este libro hasta aquí y la idea de tener que mantener miles de conversaciones con la gente te hace querer escapar bien lejos, esto quizá no sea lo más apto para ti y prefieras dar este libro a alguno de los integrantes de tu equipo. Antes de que lo hagas, profundicemos un poco.

Esta cosa de los "miles de conversaciones"...investiguemos qué parte de esto te hace sentir más mareada. Si lo que te molesta es solo que la gente no te gusta tanto como para querer hablar a cada persona que ya conoces, a las que conocerás y con las que estarás conectada todo el tiempo, entonces te aplaudo por ser honesta contigo misma. Voy a ser honesta contigo: probablemente no crearás un ingreso de siete cifras, a menos que seas uno de esos unicornios mágicos (y estoy realmente apenada de que no seas parte de nuestro equipo). Pero, tal vez, solo tal vez, si te quedas conmigo durante unos pocos próximos capítulos, yo te pueda ayudar a enamorarte del hablar con la gente. Tal vez podemos transformarte en alguien que se energiza e ilumina completamente al interactuar con otros seres humanos y al conectarse con ellos a través de productos y de un negocio que pueda estimular o incluso cambiar sus vidas.

Tal vez tienes temor porque no estás segura de lo que debes decir a la gente y la sola idea de tener que lidiar con tantas conversaciones, te parece una interminable sesión de tortura china, o algo aún peor. Pero esto no es un problema, de verdad, ya que voy a enseñarte cómo hablar con las personas de un modo convincente, auténtico y orgánico.

¿O es que la idea de tener que hablar con miles de personas te agota? Como si pensaras: "¿Pero cómo podría jamás hablar con tantas personas? ¡Sería como construir el puente Golden Gate o hacer las tallas del Monte Rushmore!". Esto tampoco me preocupa porque, una vez que le tomes la mano a esto, estarás hablando todo el tiempo y divirtiéndote.

Como tú, yo comencé solita. Luego comencé a hablar con la gente y a encontrar a aquellos que querían usar el producto y a aquellos que querían ser parte de mi equipo. Entonces enseñé a estas personas cómo hacer lo mismo—agregar clientes e integrantes de equipo—y la increíble duplicación comenzó a suceder.

No voy a edulcorar esto. Cuando empecé a contactar gente para hablarles de mi nuevo negocio, yo era un desastre. Hablaba demasiado, hacía muy pocas preguntas, escuchaba apenas y arrojaba a los demás demasiados hechos. Incluso una persona me criticó, después de mi monólogo. "La próxima vez quizá quieras respirar y hacer un par de preguntas, para comprobar si la persona a la que le estás hablando todavía sigue allí". Pero aquí está la gran noticia. Aunque yo era horrible y no sabía lo que estaba haciendo, igual comencé a crear un equipo y una base de clientes. De hecho, la primera persona que contacté, se unió a mi negocio menos de una semana después y se ha transformado en una de nuestras más valiosas jugadoras en el equipo y en una de las líderes más importantes en nuestra compañía. ¡Muchas gracias, Nicole Cormany!

Reglas de comunicación para seguir con los demás.

Seguramente, tienes guiones y temas de conversación provistos por el departamento de entrenamiento de tu compañía o por las líneas superiores que te entrenan. Y probablemente son muy buenos. Sin embargo, siento que quizá estén más enfocados en hechos. Lo que empecé a aprender a medida en que me sentía más cómoda hablando con las personas, es cuánto más efectiva podía ser en las conversaciones con ellas, no restregándoles hechos, sino siguiendo una serie de simples reglas de acero. Cuando obedeces estas reglas, te conectas genuina y emocionalmente con la gente y te resulta mucho más fácil tener una conversación que despierte un eco en tus futuros interesados. También encontrarás que el proceso es más deliberado y eficaz. Así que aquí están.

Reglas de comunicación con los demás

Regla N° 1: No te quedes atada al resultado de ninguna conversación.

Regla N° 2: No andes de cacería.

Regla N° 3: Menos es más.

Regla N° 4: Sé auténtica.

Regla N° 5: No puedes decir algo errado a la persona correcta.

Regla N° 6: Si te encuentras convincente, detente.

Regla N° 7: Escucha. Escucha de verdad.

Regla N° 8: Trabaja de cita en cita.

Regla N° 9: No cantes victoria antes de tiempo.

Regla N°10: Inicia con el negocio, recurre después a los productos.

Regla N° 11: No dejes mensajes de voz largos.

Regla N°12: Empieza con Qué hay aquí para ellos (QUEAPE).

Regla N°13: Si te dicen que no al negocio, pide recomendaciones.

Regla N°14: No termines la conversación sin hablar acerca de que se convierta en tu cliente.

Regla N°1: No te quedes atada al resultado de ninguna conversación.

Nuestro trabajo es hablar con gente todo el tiempo, presentando a las personas nuestro negocio y productos o servicios. Nuestro trabajo es también escuchar un montón de "No" porque esto, amiga, realmente es un juego de números. Si permites que los "No" te desanimen, te frenarás. Si dejas que los "Tal vez" te ofrezcan una falsa esperanza, te frenarás. No puedes permitir que ninguna conversación o persona te frenen o distraigan tu marcha hacia tus metas.

Regla N° 2: No andes de cacería.

Esta regla puede sonarte contra-intuitiva, pero es esencial para el éxito de tu negocio y para tener conversaciones auténticas. Si tu intención es "¿A quién voy a conseguir hoy?", entonces estoy bastante segura de que estarás más concentrada en tu propia agenda que en escuchar a las personas con las que hablas. También correrás el riesgo de parecer agresiva o—respira profundo—desesperada.

En cambio, adopta una intención tal como "Tengo algo especial para comunicar y estoy buscando a personas que puedan querer lo que tengo para ofrecer". Cuando decimos que no somos personas que venden sino personas que comparten, no estamos usando un artilugio. Compartir es realmente lo que hacemos, en todas partes. Como personas que comparten, no nos concentramos en lo que podemos obtener de los demás. En cambio, tenemos curiosidad acerca de las vidas, esperanzas y deseos de los demás y genuinamente interesadas en darles— darles información, darles soluciones y, si son aptos para ello, darles un buen asesoramiento. Si alguien no lo desea, entonces no tendremos ninguna decepción porque, por empezar, no estábamos detrás de obtener nada. Y esto te ayudará con la Regla N°1—no quedarte atada al resultado de ninguna conversación.

En nuestra profesión, nuestro trabajo no es obtener lo que queremos, es ayudar a otras personas a obtener lo que quieren. Esto se aplica a nuestros clientes y a las integrantes de nuestro equipo. El éxito que estás buscando sucederá cuando ayudes a un montón de personas a obtener lo que desean.

Regla N° 3: Menos es más.

En nuestras conversaciones, menos es más. Es como iniciar una relación. Cuando empiezas a salir con alguien, no muestras mucha piel al comienzo, no quieres parecer una mujerzuela. Es lo mismo cuando conversamos acerca de nuestro negocio. No quieres actuar como alguien que se acuesta con cualquiera.

No caigas en la trampa de pensar que si dices a tu futura clienta o socia todo lo que sabes acerca de tu negocio y productos o servicios, caerá rendida a tus pies por tu dominio del tema y se convencerá de que lo que estás compartiendo, es lo más grande desde que se inventó Spanx. Corres el riesgo de apabullarla o aburrirla, o aún peor. Por lo tanto, por favor, nada de vómito verbal.

> No quieres actuar como alguien que se acuesta con cualquiera.

Piensa en cambio en cómo estimularles el apetito. Cuéntales la suficiente información relevante acerca del negocio y los productos como para hacer que quieran saber más, y poder llevarlos al paso siguiente. Para llevarlos a que quieran la siguiente cita.

Cuando estés manteniendo una conversación, pregúntate: "¿Estoy hablando demasiado? ¿Es posible que ahora mismo esté actuando como una mujerzuela?"

Regla N° 4: Sé auténtica.

No trates de sonar como yo o como cualquier otra persona. Tu poder—el poder de todos—proviene del ser auténticamente una misma. La gente responde a las personas que son reales. Tú eres simplemente un ser humano que tiene algo para ofrecer. Todo lo que estás tratando de descubrir, es si alguna de esas cosas tiene valor para el ser humano al que le estás hablando.

Cuando pienso acerca de todas las increíbles exitosas líderes de nuestra compañía, son todas únicas...únicamente ellas mismas. No están tratando de ser o sonar como otras. Dejan que sus personalidades aparezcan en las conversaciones, en las presentaciones y en las redes sociales. Y sus redes les responden porque se dan cuenta de que no mienten.

> Sé tú. Sé una "tú" preparada y que confía en sí misma. Es en esto que reside tu poder.

Sé tú. Sé una "tú" preparada y que confía en sí misma. Es en esto que reside tu poder.

Regla N° 5: No puedes decir algo errado a la persona correcta.

El hecho de que Nicole se uniese a mí en el negocio después de aquel primer patético intento de explicarle lo que estaba haciendo, que maravillosos eran esos productos y lo que creía que el negocio me iba a ayudar a conseguir, prueba esta regla. El entusiasmo desmedido puede llevarte lejos, y esta es una de las razones por las cuales quieres hablar personalmente con las personas en vez de esconderte detrás de correos electrónicos, textos o mensajes directos. No dejes que el miedo de no decir todo perfectamente te impida el comunicarte con los demás. Me encanta lo que Tony Robbins dice acerca de ser perfecto: "La perfección es absolutamente el más bajo estándar que puedas tener, porque es imposible de obtener".

Esta búsqueda de la perfección, lleva al problema de la gallina y el huevo: no puedes volverte mejor si no hablas con la gente, pero tienes miedo de hablar con la gente porque no eres lo suficientemente buena. Mientras corres en círculos dentro de tu cabeza, alguien se comunicará antes con las personas que están en tu lista y las hará clientes o socias en el negocio. Si alguien está buscando lo que tú tienes para ofrecer y es el momento justo para ellas, morderán el anzuelo. Resulta que el empleador de Nicole estaba teniendo problemas para pagar los sueldos y ella estaba buscando un trabajo de tiempo parcial, con horarios flexibles, de modo de poder ocuparse de sus dos hijas. No encontraba nada que le sirviese y ese fue justo el momento en que la llamé.

Regla N° 6: Si te encuentras convincente, deténte.

Evita ponerte en el "modo de convencer" porque en el mejor de los casos es improductivo y en el peor, un poderoso disuasivo. Escucho a menudo a las creadoras de negocios lamentarse: "Preciso convencer a (insertar el nombre de la futura socia) a incorporarse". Aprendí temprano en mi negocio que no queremos convencer a nadie de nada. ¿Cómo saber si estás en modo de convencer, te preguntarás? Si sientes que estás intentando arrastrar a tu nueva persona a comprar o a enrolarse, estás en modo de convencer. Te prometo que esto no terminará bien. Arrastrar a la gente para que decida algo que nos favorezca, hará que nos frenemos e irritemos a la otra persona. Haremos que quieran escaparse lo más lejos posible de nosotras. Y si realmente nos compran algo o se unen a nuestro equipo, no querrán estar allí, porque no era verdaderamente su decisión.

> **Arrastrar a la gente para que decida algo que nos favorezca, hará que nos frenemos e irritemos a la otra persona.**

Si te encuentras en el modo de convencer, muy posiblemente no estés haciendo las preguntas correctas para conectar a estas personas con lo que este negocio podría ayudarles a conseguir. O, simplemente, no están listas aún.

Regla N° 7: Escucha. Escucha de verdad.

Tan importante como es el hablar a la gente con la postura correcta, el tono adecuado, hablar de los temas que importan y contar una historia convincente, es el escuchar. Porque solo puedes enterarte de quiénes son, qué es lo que quieren y qué es lo que temen, cuando los dejas hablar y cuando realmente los escuchas. Cuánto más sepas acerca de tu futuro cliente o socia, mejor podrás demostrar que lo que tienes para ofrecerles es apto para lo que están buscando.

Regla N° 8: Trabaja de cita en cita.

Cuando los integrantes de tu equipo se quejan de que sienten que están tratando de cazar a sus futuros clientes o socias cada vez que comienzan una conversación con ellos, existe siempre una sola causa. No están arreglando la próxima cita con ellos mientras están hablando. A veces es solo porque simplemente se olvidan de este importante paso. Otras, porque tienen miedo de ser agresivas. Ser profesional nunca es agresivo. Tu tiempo vale y también el de tu nueva persona. Entonces, apenas tu nueva candidata entre en el embudo, trabaja de cita en cita, y habitualmente no separadas por más de 24 o 48 horas, mientras la guías en el proceso de determinar cómo puede encajar en tu negocio en este momento—si como integrante del equipo, como cliente y/o como persona que puede ofrecer recomendaciones. Fijar tu próxima cita mientras estás haciendo el contacto, hará el proceso mucho más agradable y eficiente para ti y tu futuro cliente o socia.

Regla N° 9: No cantes victoria antes de tiempo.

Resulta atractivo poner una marca en la columna de triunfos antes de que una integrante del equipo se enrole o un cliente haga una compra. ¡Pero no lo hagas! Sé por experiencia, muchas experiencias, que las personas no están en la lista hasta que están de verdad allí. Si cantas victoria prematuramente, demorarás tu futura adquisición.

Regla N°10: Inicia con el negocio, recurre después a los productos.

Es mucho más sencillo comenzar una conversación hablando acerca del negocio, pivotando luego a las recomendaciones y, por último, a tus productos o servicios. Puede resultarte más cómodo iniciar la charla con los productos o servicios, pero corres el riesgo de quedarte arrinconada. Si alguien no está interesada en probar tus productos o servicios, ¿cómo diablos puedes después decirle: "No te interesa lo que nuestra com-, pañía vende pero tendrías que considerar comenzar un negocio acerca de eso mismo que no te interesa"? No puedes.

Regla N° 11: No dejes mensajes de voz largos.

Es posible que te lleguen montones de mensajes de voz cuando empieces a conectarte con la gente de tus redes, sin un tiempo preestablecido para conversar. Te ruego no cometas el error de aficionada de dejar tú un mensaje largo, divagando, lleno de información acerca de tu emocionante negocio que, equivocadamente, creas que va a alentar a la persona a responder tu llamada. Sé breve, sé ligera, y asegúrate de decir que los llamarás otra vez si no te llaman antes.

"Hola, Jane, soy Romi. Siento no haber estado cuando llamaste, pero me gustaría consultarte acerca de algo. Estoy libre para conversar esta noche a las XX o mañana a la mañana a las XX. Por favor, llámame. Si no recibo noticias tuyas, te hago un llamadito mañana. ¡Muchas gracias!¡Hasta pronto!".

Quieres averiguar cosas, y este es el momento en que estarás disponible y la llamarás de nuevo. Listo.

Regla N°12: Empieza con Qué hay aquí para ellas (QUEAPE).

Muchas constructoras de negocios, incluyéndome a mí cuando empecé, comienzan las conversaciones con sus posibles clientas o socias, lanzándose directamente a aquello que están haciendo con la compañía X y los hechos, cifras y virtudes de la compañía y sus productos o servicios. Pero, muy pronto aprendí que esta no es la mejor manera de conectarse emocionalmente de un modo inmediato con la persona a la que hablas.

En la medida en que fui mejorando mi capacidad para tratar con las personas posibles, vi cómo la gente estaba más atenta y comprometida en la conversación cuando conectaba lo que yo tenía para ofrecer con lo que esto podía ayudarles a conseguir. Entonces, iniciaba mi conversación empezando por lo Qué hay aquí para ellas (QUEAPE) y cómo personas como ellas estaban ya construyendo un negocio como este. Con este enfoque, la gente con la que hablaba estaba más presente y se involucraba más desde el comienzo con aquello que tenía para contarles. La conversación era también más eficiente, natural e interactiva. Eran conversaciones más verdaderas, en vez de monólogos. Y mi tasa de conversión aumentó. Había encontrado algo.

Entonces, comencé a entrenar con esto a las integrantes de nuestro equipo personal y reportaron el mismo efecto. Luego presenté esto al equipo general. Nuestra gente informó no solo más éxitos con este enfoque, sino que también conversar les resultaba más agradable. Y si es placentero, vamos a querer hacer más. Por ende, el número de personas con las que nos conectábamos aumentó, lo que nos llevó a más clientes y más asociadas en el negocio.

Hablemos, entonces, de cómo conducir la conversación comenzando con lo que hay para los demás en este negocio. Empieza con un simple ejercicio que hago antes de comunicarme con alguien. Me imagino cuáles son los puntos que hacen sufrir a la persona y cómo nuestro negocio puede reducir o eliminar su dolor. Es así de sencillo. Te agrega solo dos minutos a tu trabajo de preparación, pero vale la pena.

> Imagina cuáles son los puntos que hacen sufrir a la persona y cómo nuestro negocio puede reducir o eliminar su dolor.

Funciona así. Toma una hoja de papel y traza una línea en el medio para obtener dos columnas. Arriba, en la columna de la izquierda, escribe "DOLOR", y en la de la derecha: "SIN DOLOR". Luego piensa acerca de los posibles aspectos dolorosos de la vida de esta persona y cómo nuestro negocio podría traerle alivio. A partir de allí, podrás crear los puntos de apertura de tu conversación. Exploremos cómo se verían las listas para un par de diferentes tipos de persona. Digamos que quieres contactarte con tu amiga Jane que ahora es una mamá que se queda en casa pero que solía ser una importante y poderosa profesional en el mundo corporativo. Tal vez ya te mencionó qué es lo que la hace sufrir: extraña el tiempo que pasaba con adultos y que su mente se está oxidando. Odia tener que pedir dinero a su marido cuando lo precisa para gastarlo en algo para ella misma, o quizá las finanzas de la familia son muy demandantes para abastecerlas con solo un cheque mensual. Siente que perdió una parte de sí misma cuando abandonó su carrera.

Ahora hablemos de cómo tu negocio puede reducir su sufrimiento. Debería dejar que aún pudiese ser una mamá presente tal como lo ha sido hasta ahora, aunque haciendo posible al mismo tiempo el poder construir algo propio. El negocio podría ayudarla a tener un flujo de ingresos extra para gastar en lo que precise, ya sea en todas las actividades de los chicos o el fondo sin culpas para sus propios zapatos. Además, nuestro negocio es un negocio entretenido que brinda el muy necesario contacto social con otros adultos.

Por lo tanto, su lista podría lucir así:

DOLOR	SIN DOLOR
• Lamenta no ganar su propio dinero dinero	• Traer a casa un nuevo ingreso
• Extraña pasar tiempo con adultos	• Negocio social y colaborativo
• Extraña una identidad que no sea la de esposa y madre	• Puede ser una mamá presente que lo tenga todo

Entonces, ¿cómo haces para sacar las pepitas de oro de estas listas y convertirlas en la apertura de una conversación auténtica y convincente cuando Jane atienda tu llamada?

Qué tal algo así: "Hola, Jane, soy Romi. Me acordé mucho de ti, últimamente. ¿Tienes unos pocos minutos para que te consulte algo? Preciso unos cinco minutos. ¿Es este un buen momento?"

Si ella dice que no es un buen momento, entonces combina otro momento. Dices: "No hay problema. Dime cuando puedes. Te llamaría a la noche. ¿Qué te viene mejor, a las ocho o a las nueve?"

Pero, si ella te dice: "Sí, cómo no, dime", tu comienzas con lo que hay en el negocio para ella: "Me estuve acordando mucho de ti porque recordé que habíamos hablado de cómo te encanta estar en casa para estar con los niños, pero cómo extrañas tener algo tuyo para no volverte loca, para tu identidad y para la cuenta del banco. Pensé en ti porque estoy ahora trabajando con muchas mujeres como tú que están pasando algunas horas todas las semanas construyendo un lucrativo negocio propio y a la vez siendo mamás presentes con horarios flexibles. Son capaces de pagar las actividades de sus hijos, los fondos de la universidad y las vacaciones, y, en algunos casos, incluso reemplazar el ingreso de sus antiguas carreras corporativas, como la que tú tuviste".

"No tengo idea de si esto será adecuado para ti, pero quizá sea un modo de que puedas tenerlo todo. Me gustaría contarte en detalle qué es lo que estoy haciendo".

¿Ves como todo es acerca de ella? Si eres Jane y esta es tu vida y te he señalado algunas de las cosas que te duelen y cómo yo podría aliviarte, no piensas que al menos dirías:"OK, me da curiosidad. Dime qué es lo que estás haciendo".

A partir de allí, continuarías con algunos puntos en un corto mensaje introductorio acerca de tu compañía, luego harías la transición hacia tu historia personal y los atributos clave de tu negocio y de tus productos o servicios. Y finalmente: "Entonces, Jane, estás lo suficientemente intrigada como para querer saber más y saber si esto sería algo apto para ti?"

Nota que mi postura y lenguaje dejan en claro que no estoy atada al resultado, ya sea que Jane diga Sí o No. Estoy sólo compartiendo y ayudando a Jane a averiguar si este negocio sería apto para ella.

Hagamos otro ejemplo de un análisis e introducción de Dolor/Sin dolor, para que le tomes la mano a esto.

Digamos que conoces a alguien, la llamaremos Dana, que es una abogada y mamá que está sin lugar a dudas en la rueda del hámster. La has visto corriendo a los eventos deportivos de sus hijos, a menudo llegando tarde y luciendo exigida y cansada. No la conoces muy bien. Solo son conocidas. Pero haces deducciones inteligentes acerca de su dolor.

Quiere más flexibilidad. Está agotada. Es posible que piense a veces cómo podría escaparse de la trituradora corporativa, pero no sabe cómo hacerlo toda vez que su familia precisa su ingreso como abogada.

Sus listas:

DOLOR	SIN DOLOR
• Cansada por el horario imposible	• Quiere flexibilidad para su familia
• Precisa el gran sueldo de abogada	• Puede hacer crecer un ingreso de reemplazo
• No le gusta la presión de su trabajo	• Agregar más diversión a su vida

La apertura de la conversación debería ser algo como: "Dana, puedo ver lo que estás haciendo. Eres una supermujer con tu gran trabajo y tus niños. Quería contarte acerca de mi negocio porque trabajo con muchísimas madres que trabajan como tú, que están siempre haciendo malabarismos entre sus hijos y sus demandantes trabajos. Están construyendo negocios que crecen lo suficiente como para darles más opciones, incluyendo el dejar la trituradora corporativa. Me encantaría contarte qué es lo que estoy haciendo, Incluso si no es para ti, tengo la intuición de que seguro conocerás gente a la que yo pueda ayudar.

Una vez que te familiarices con esta aproximación, podrás usarla con cada una de las personas con las que desees conectarte—enfermeras, maestras, profesionales del negocio inmobiliario, cualquier profesión. Pero, podrías estar preguntándote, cómo usar esta apertura si no hablaste con esta persona en mucho tiempo o si no la conoces bien. Si eres amiga de ella en Facebook, puedes extraer mucha información de sus entradas. He aquí un gran ejemplo de la vida real de cómo ayudé a una integrante del equipo a hacer un poco de investigación en los potenciales puntos de dolor.

Julie, una de las integrantes de nuestro equipo, quería comunicarse con Lynn, una hermana de su fraternidad estudiantil que vive en Louisville. No había hablado con Lynn en más de una década y no sabía qué decirle. Le pregunté qué sabía de Lynn. "Puedo decir que ahora tiene una carrera realmente exitosa en finanzas o como contadora o en algo que tiene que ver con el dinero. Y ella siempre tuvo una gran personalidad y era realmente alguien que conseguía lo que quería".

Le dije a Julie que apostaba a que podía saber más que eso a través de la página de Facebook. Recorrimos el muro de Lynn y pudimos confirmar que le gusta viajar y que le gustan las cosas buenas de la vida ya que había escrito entradas sobre zapatos espectaculares y mostraba algunas joyas deslumbrantes en sus fotos. También nos enteramos que era madre de un adolescente que quizá vaya a la universidad dentro de pocos años. Aunque no sabíamos con certeza qué podía estar haciendo sufrir a Lynn, fuimos capaces de crear las listas que le podían dar a Julie algunos buenos temas de conversación.

DOLOR	SIN DOLOR
• Gustos caros	• Mayores ingresos
• Hijo yendo pronto a la universidad	• Juntar fondos para la universidad

No es mucho, pero era todo lo que Julie necesitaba para estar lista para comunicarse. Como Julie no tenía el número de teléfono de Lynn, se comunicó a través de la mensajería de Facebook, en un intento para establecer una llamada: "Lynn, no hemos hablado en años, pero me encanta seguirte a través de tus entradas. Me encanta ver cómo la vida ha sido tan buena contigo. Me encantaría consultarte algo acerca de mi negocio ya que me parece que quizá conozcas algunas personas en Louisville a las que podría ayudar. Trabajo con muchísimas mujeres a las que les encanta ganar dinero extra para fondos de viajes, gastos sin culpas en fabulosos zapatos o incluso para pagar la universidad. Sé que tu hijo va a estar allí muy pronto así que podrías querer saber más para tí misma. Me encantaría que pudiéramos combinar un momento para conversar unos diez minutos...O mejor veinte, así nos ponemos apropiadamente al día. Estoy libre mañana por la noche a las ocho u 8:30 o el jueves al mediodía. Dime cuál de estos horarios te viene mejor y cuál es el mejor teléfono para llamarte".

Puedes notar que instruí a Julie para que ofreciera horarios a Lynn en los que no estuviese absorbida en su diario trabajo corporativo, y así Julie ofreció dos horarios nocturnos y uno durante la probable hora de almuerzo.

Lynn respondió a Julie ese mismo día. Tuvieron una conversación magnífica y Julie pudo clarificar bien qué tenía el negocio que fuese de interés para Lynn. Lynn no estaba interesada personalmente, ya que amaba su muy lucrativo trabajo y lo que había heredado proveía más que suficiente para su familia. Pero conectó a Julie con una amiga de ella, con gustos similares por las cosas buenas y dos hijos en el secundario, y que terminaron por unirse a su equipo. Y Lynn se convirtió en una clienta.

Aun si no puedes hacer un trabajo de investigadora sobre cómo es ahora la vida de alguien, puedes confiar en lo que sabes de esa persona en el pasado. Yo no había hablado con mi amiga de la infancia Shelley por años. Sin embargo, recordaba nítidamente su ambición que era notable incluso cuando era muy niña. Cómo iba tras las cosas que quería y se las arreglaba para conseguirlas. También tenía una personalidad magnética. A la gente le encantaba estar cerca de ella.

Aun cuando no tenía sus puntos de sufrimiento, llamé a Shelley iniciando mi conversación contándole que ahora estaba trabajando con personas que me hacían acordar a ella. No tenía su número de teléfono, así que le envié un mensaje en Facebook. "Shelley, sé que no hemos hablado personalmente en décadas, pero he estado pensando mucho acerca de ti últimamente ya que estoy trabajando con personas que me hacen acordar mucho a ti. Me gustaría hacerte una consulta acerca de mi negocio. Siempre fuiste una persona con mucho empuje y capaz de hacer lo que se propone, y tienes una personalidad con mucho magnetismo. Estas son las cosas que busco en mi negocio. No tengo idea si lo que hago será algo apto para ti. Pero si lo es, puedes tener una gran diversión pasando algunas horas al día construyendo algo con una real sustancia. Si no lo es, intuyo que conocerás a otras dinámicas mujeres que quizá combinen bien con el negocio. ¿Cuándo puedes estar libre en el teléfono por cinco o diez minutos para que te cuente más? Yo estoy libre esta noche después de las ocho o mañana al mediodía".

Shelley respondió, contándome que estaba intrigada y que quería saber más y que nos pusiéramos al día. Cuando ella y yo hablamos, me enteré de cuáles eran sus puntos de sufrimiento y pude explicarle cómo este negocio podría reducir su sufrimiento de largas horas en su trabajo estresante y de poco dinero extra para gastar en ella misma. Finalmente, se unió a nuestro equipo.

Recuerda, si no puedes averiguar en qué reside el sufrimiento de una persona y todo lo que tienes para seguir, es saber cuál es su profesión o si es una madre o una mujer, no te preocupes. Puedes simplemente decir: "Conozco a muchas personas como tú que han tenido éxito haciendo lo que hago, así que pensé que quizá quisieras considerar esto y decidir si sería algo apto para ti también". Ya que no tengo dudas de que en tu compañía hay personas iguales a ella, ¡esta es una aseveración auténtica!

Comienza a actuar

Ahora es tu turno. Toma una hoja de papel y traza una línea en el medio para obtener dos columnas. Arriba, en la columna de la izquierda, escribe "DOLOR": y en la de la derecha: "SIN DOLOR". Luego piensa en la próxima persona con la que te quieres comunicar. Haz la lista de los posibles aspectos dolorosos de la vida de esta persona y cómo nuestro negocio podría traerle alivio. A partir de allí, podrás crear los puntos de apertura de tu conversación. Haz este ejercicio cada vez antes de dirigirte a alguien y estarás liderando con nuestro método "¿Qué hay aquí—en este negocio—para ellas?" (QUEAPE).

Regla N°13: Si te dicen que no al negocio, pide recomendaciones.

Si alguien no está personalmente interesado en el negocio, asegúrate de inmediatamente virar hacia un pedido de recomendaciones. Simplemente di: "Entiendo perfectamente que esto no es para ti, Maggie. No es para todos. Pero me gustaría que me digas si no conoces personas en tus redes que pudieran ser aptas, ya que tengo la intuición de que quizá haya allí algunas personas a las que yo pueda ayudar. ¿Tienes un par de minutos más para que te pueda describir qué estoy buscando exactamente y veamos qué nombres aparecen en tu cabeza?"

Nota un par de cosas: 1) Le pedí permiso para continuar, lo que no solo es de buenos modales sino que continúa la interacción y 2) planté la semilla de que iban a aparecer nombres en su cabeza.

Al pedir recomendaciones, he tenido siempre mucho más éxito siendo específica acerca de quién estoy buscando. Solía ser mucho más vaga en mi pedido de contactos, preguntando a quién conocían que tuviese mucha personalidad o mucho empuje o mucho dinamismo. Rara vez me daban nombres.

> **Al pedir recomendaciones, he tenido siempre mucho más éxito siendo específica acerca de quién estoy buscando.**

Pero comencé a obtener recomendaciones cuando fui muy específica acerca de quién estaba buscando. Me concentré en ciertos datos demográficos para que a la gente le fuese más fácil pensar en quiénes conocen que encajen en la descripción.

Así que esto es lo que siempre digo ahora: "Aquí está lo que estoy buscando", comienzo a decir y luego el primer dato demográfico que describo es uno que sea exactamente como el de la persona con la que estoy hablando. Esto es porque quiero que oiga otra vez cómo una persona exactamente como ella sirve para este negocio.

Si estoy hablando con una maestra, digo: "Me encanta trabajar con maestras porque son excelentes para ser entrenadas y para enseñar a otros a hacer este negocio que es muy sencillo. A las maestras les encanta ganar más dinero porque no suelen estar bien pagas y aman tener la opción más adelante de tener más tiempo para pasar con sus propios hijos antes que con los hijos de los demás. Además este negocio es a prueba de despidos".

Y luego cubro otros grupos demográficos que siempre estoy buscando. "También amo absolutamente trabajar con las mamás que se quedan en casa y que precisan flexibilidad de horarios con sus niños a la vez que precisan un flujo de ingresos extra. Es posible hacer crecer un negocio lucrativo aún siendo una mamá presente".

También describo a las mamás que trabajan en empresas y que están atadas a la rueda de hámster. Y luego, a causa del éxito que John y yo hemos tenido, y del éxito de muchos en nuestro equipo, agrego un pedido de recomendación de parejas que sean emprendedoras, exitosas y puedan querer agregar un nuevo negocio inteligente a su portfolio profesional.

"Trabajo con un cierto número de parejas que juntos, trabajando solo a tiempo parcial todas las semanas, pueden crear ingresos que completan los fondos para la universidad o el retiro y que además abren un nuevo mundo de posibilidades de riqueza para ellos".

Si alguien no encuentra recomendaciones específicas para mí mientras tenemos nuestra conversación telefónica, les digo simplemente: "Puede ser difícil pensar en la gente adecuada en este momento. ¿Te ayudaría si te enviase un breve correo electrónico resumiendo lo que hablamos hoy y qué estoy buscando exactamente? Podrías muy fácilmente reenviarlo a cualquiera a quien creas que podría interesarle y agregarme como copia en él. ¿Te parece bien?"

Me han conectado con cantidades de recomendados a través de este método. En el correo electrónico, no solo resumo qué es nuestro negocio sino que también incluyo una lista de qué tipo de gente estoy buscando. Y, ¿adivina a quién describo en el primer lugar de la lista? A la persona a la cual estoy escribiendo, por supuesto, de modo que pueda recordar que gente como ella está construyendo nuestro negocio—para incitarla a pensar acerca de él para sí misma.

Cuando las personas te ofrezcan recomendaciones, asegúrate de hacer un par de preguntas acerca de la persona con la que te están conectando, de modo que puedas identificar sus puntos de sufrimiento y prepararte para una convincente apertura de tu conversación.

Regla N°14: No termines la conversación sin hablar acerca de que se convierta en tu cliente. Hagas lo que hagas, no dejes ir a esa persona sin hacer la transición a los productos. Desarrollarás tu propia fácil transición a una conversación sobre los productos o servicios. Si estás representando productos de nutrición, puede que tu pregunta de transición sea: "Si pudieses tener más energía para hacer las cosas que quieres, ¿haría eso una diferencia en tu vida?" Porque trabajo en el cuidado de la piel, siempre hago la transición preguntando: "Antes de despedirnos, tengo que preguntarte algo, ¿si pudieses cambiar una sola cosa en tu piel, cuál sería?"

> Hagas lo que hagas, no dejes ir a esa persona sin hacer la transición a los productos.

Hasta el día de hoy una sola persona me dijo: "Nada, estoy absolutamente encantada con mi cara". Resultó que había tenido toda clase de cirugías plásticas y procedimientos ambulantes conocidos. No creo que la cara de esa mujer se mueva mucho. El resto de las personas, sin embargo, manifestó alguna queja. ¿Y adivina qué? Yo tengo una solución para cada una de las cosas que les disgustan. Encuentra entonces la transición que sea útil para ti y tus productos y hazla cada vez.

Si no eres capaz de concretar la venta durante esa conversación, recuerda la regla N°8 y fija una nueva cita dentro de las próximas 24-48 horas para que puedas responder a sus preguntas y tomar el pedido. Nunca—y repito—nunca dejes que ellos hagan su propia compra. La gente invariablemente se olvidará o lo hará mal u optará por no aceptar el envío automático, si tu compañía tiene uno. En cambio, acompáñalos en el proceso de compra. No se trata solo de que es un gran servicio al cliente, sino que además te asegura que el cliente entre en el sistema del modo correcto.

Lava. Enjuaga. Repite.

Estas son las conversaciones iniciales que tendrás con la gente. Con montones y montones de personas. Y te volverás realmente buena en lo que haces, cuantas más conversaciones tengas. Te sentirás más cómoda y más auténtica. Te transformarás en alguien que escucha mejor y aprenderás cómo hacer una convincente defensa de lo que hay en el negocio para los demás. No serás una mujerzuela con tus candidatas. Y te divertirás. Te lo prometo.

Pero, solo tener miles de conversaciones de presentación no te llevará a un ingreso de siete cifras. Tienes que guiar a alguien que esté lo suficientemente intrigada como para querer aprender más, a través del proceso de toma de decisión. ¿Quieres saber cómo? Déjame guiarte al próximo paso. Puedes dar vuelta la página ahora o mañana a las 10:30. ¿Cuál te viene mejor?

Capítulo 6

Ella está interesada...
¿Y ahora qué?

Primero, quiero que sepas que el tradicional término de ventas "cerrar", me disgusta. Porque creo que promueve la conducta de cacería. En cambio, prefiero pensar en la próxima etapa de la conversación como la del proceso de toma de decisión, y que tu rol es ayudar a tu posible compradora a decidir si tu negocio o tus productos son aptos para ella en este momento. Involucra traer a alguien a tu embudo los más rápida y eficientemente posible, para averiguar ya mismo cómo encaja en tu negocio—si como una integrante de tu equipo, cliente, alguien que puede conectarte con otros, o una "todavía no. Porque, como ya aprenderás, si aún no lo has hecho ¡no hay nada peor que un embudo constipado!

Durante este proceso, querrás mantenerte concentrada en las Reglas del último capítulo, porque todas ellas se siguen aplicando. Sobre todo, tu trabajo, mientras conversas con tu candidata a posible socia o cliente, es guiarla a través del proceso exploratorio y ayudarla a imaginar si tienes algo que pueda servirle. Todo lo que digas y hagas debe estar motivado por ayudar a una persona a tomar la decisión adecuada para ella. Recuerda, no estás atada al resultado de ninguna conversación. Si mantienes todo el proceso dentro

> Todo lo que digas y hagas debe estar motivado por ayudar a una persona a tomar la decisión adecuada para ella.

de este simple modo, tendrás más confianza en ti misma y en tu propósito y serás mucho más eficiente.

En *Blink*, Malcom Gladwell habla de dos tipos de tomadores de decisiones—los "pistoleros" y los metódicos, analíticos, que deben mirar todo desde todos los ángulos posibles. La clave para prácticas efectivas y eficientes de concretar ventas es tener control del proceso y de los plazos, sin importar a qué tipo de tomadora de decisiones le estás hablando.

De acuerdo a Gladwell, los grandes tomadores de decisiones no son aquellos que procesan más la información o que pasan más tiempo deliberando sobre ella, pero aquellos que han perfeccionado el arte de rebanarla finamente, filtrando los pocos factores que importan dentro de un abrumador número de variables.

Las herramientas para concretar ventas que los creadores de negocios exitosos usan, están diseñadas para ayudar a las personas a rebanar finamente la información, independientemente de su tipo de tomadores de decisión. Queremos ayudar a cada persona a filtrar los factores importantes para su toma de decisión, de modo que puedan llegar más pronto a la decisión que es adecuada para ella.

Según mi experiencia, los pistoleros son menos frecuentes. Es interesante observar que, dentro de nuestra entera enorme organización, casi todas las más exitosas creadoras de negocio han sido pistoleras para decidir si comenzaban el negocio. Incluso cuando dijeron que No de entrada, dijeron que No muy rápido. Y cuando lo miraron por segunda vez, dijeron que Sí igualmente rápido.

Por cierto, no estoy sugiriendo que taches a cualquiera que no decida rápido. Pero, tu proceso debería estar diseñado para agregar a las pistoleras tan pronto como sea posible, mostrarles cómo se hace lo mismo y ayudar a que el resto se decida según les convenga a ellas y no te atrasen a ti en el proceso.

Cuando estés hablando a un posible cliente o socia y has usado tu método "Que hay aquí para ella", QUEPAE, compartido un breve resumen de tu compañía y productos o servicios, y contado tu breve historia personal, un modo sencillo de continuar la conversación es preguntar: "Entonces, estás lo suficientemente intrigada como para saber más?" o "¿Te gustaría saber más para ver si esto es apto para ti?"

Si contestan de modo afirmativo, diles que les estarás enviando unas pocas cosas para mirar o escuchar. Lo que sean estas cosas dependerá de lo que tu compañía y tus socias en la línea superior te provean para que uses en tu proceso de venta. Pueden incluir videos, llamadas grabadas, contenidos en sitio web, blogs y más. Pero recuerda la Regla N°3—Menos es más. No abrumes a tu posible cliente o socia con demasiado contenido. Yo entreno a nuestro equipo a enviar un breve y convincente video de nuestros fundadores, una corta llamada que he grabado, y una o dos entradas del blog de nuestra compañía que piense que pueden encontrar un eco en la persona contactada.

Luego, es esencial organizar la próxima conversación. Si hay un evento dentro de las próximas 24-48 horas, invita a la persona a asistir.

"Después que revises todo, sé que tendrás algunas preguntas. Mañana tenemos una reunión. Sería la ocasión perfecta para responder a tus preguntas, para que tengas una idea de lo colaborativo que es este negocio y para que averigües si te gustaría formar parte de él. Me encantaría agregarte a la lista de invitadas".

Es importante comprender por qué estoy poniendo un plazo límite de solo 24-48 horas para el próximo evento. Si el evento es mucho más tarde, ¿por qué esperar tanto para em-

> **Queremos guiar a nuestras posibles asociadas y clientes a través del proceso, tan rápido como sea posible.**

pujar a tu candidata a través del embudo? Puedes, en cambio, proponer una llamada de tres personas y usar además el próximo evento e invitarla, como una zanahoria de concreción durante esa misma llamada. "Si esto te parece apto para ti, deberías verdaderamente comenzar y aprovechar nuestro evento de la semana que viene para hacer crecer tu equipo y la base de tus clientes". Recuerda que queremos guiar a nuestras posibles socias y clientes a través del proceso, tan rápido como sea posible. Cuanto más largo sea el tiempo entre los contactos, más fácil será que se arrepientan o hablen con alguien con una opinión negativa acerca de nuestra profesión.

Si no existe un evento en una fecha próxima, entonces introduce la llamada de conferencia. "Después que revises todo, sé que tendrás algunas preguntas. Combinemos entonces un momento para que podamos hablar y responderte a todo. Voy a invitar a la conversación a mi amiga y socia para que se una a nosotras. Ella te dará otra perspectiva y juntas te podremos ayudar a decidir si esto es algo apto para ti".

Ayuda tener un horario pre-fijado de cuándo tu socia en la línea superior está libre o tener acceso a su servicio de calendario online y a sus horas libres. Si no tienes ninguno de los dos, simplemente averigua tres horarios en los que tu posible socia o cliente estará libre dentro de, sí, ¡lo adivinaste!, 24-48 horas, y entonces combina con tu socia para determinar cuál le viene mejor.

Si te asusta o te pone nerviosa el ofrecer una charla de conferencia con tu socia en la línea superior, supéralo. Es una de las más importantes herramientas para concretar ventas que tenemos en nuestro kit de herramientas. En este capítulo, exploraremos a fondo cómo ejecutar llamadas de tres personas. Solo recuerda considerar la llamada como un recurso para ayudar a tu futura socia o cliente, porque es exactamente esto lo que es.

A través de esta conversación, tu candidata puede comenzar a hacer preguntas. Responde aquellas en las que te sientes cómoda para responder. Las respuestas sencillas a objeciones comunes en el próximo capítulo te ayudarán, pero de ningún modo pienses que se supone que a esta altura tengas una conversación exhaustiva. Recuerda, tu trabajo es guiarla hacia el próximo paso. El próximo paso es mirar o escuchar más información, y luego participar en tu llamada de tres con tu socia en la línea superior del negocio o bien asistir a un evento.

Aquí está la clave: no preguntes pero cuéntale a tu candidata cuáles son los próximos pasos. Tu candidata no está en el negocio. No sabe cómo funciona o cuál es la manera más eficiente de explorarlo y saber si es apto para ella. Tú eres la experta. Habla con confianza. No preguntes a tu posible socia o cliente si desean tener una conversación con tu socia en la línea superior. Dile que el próximo paso para ayudarla a decidir es tener una conversación contigo y tu socia, porque debería tener la perspectiva de otra integrante del equipo y porque sabes que seguro tiene preguntas. Si recuerdas esta diferencia, ayudarás a una decisión más veloz de tu candidata.

> Aquí está la clave: no preguntes pero cuéntale a tu candidata cuáles son los próximos pasos.

Especialmente cuando aún eres inexperta, te ayudará tener lo que me gusta llamar "declaración de giro", para detener el aparentemente interminable flujo de preguntas que ocasionalmente suceden y guiar a la candidata al próximo paso. Simplemente, di: "Estas son muy buenas preguntas y parece que decididamente quieres más información. Así que déjame decirte qué haremos ahora". Y luego sigues con el proceso descrito más arriba de organizar los próximos pasos. Todo de a poquito.

Llamadas de tres personas, ¿quién las quiere?

Ya hemos conversado acerca de cómo presentar a tus posibles socias o clientes las llamadas de tres. Ahora vamos a enfocarnos en cómo ejecutar efectivamente esta madre de todas las herramientas de decidir. Tienes que creer en las llamadas de tres personas. Desear las llamadas de tres personas. Dominar la llamada de tres personas.

Debo señalar que aunque nos referimos a estas llamadas como tríos y nos reímos a menudo de la connotación sexual, no uses este término en el mundo de allí afuera. En cambio, llámalas "una charla telefónica" o "una conversación" o "conferencia".

Primero, veamos por qué debes creer en ellas:

* Proveen una convincente legitimación de una tercera persona

* Permiten que tu socia en la línea superior te entrene en cómo lidiar con las objeciones y en concretar con una persona posible

* Mueven con eficiencia a tu candidata a través del embudo

* Aunque tú sola puedas llevar rápidamente a tu candidata a decidir, la mayor parte de las integrantes de tu equipo no será capaz de hacerlo.

Ahora, la logística. Si ha pasado un día o más desde tu última conversación, está bien confirmar con tu candidata la hora de la llamada el día anterior por medio de un mensaje de texto o correo electrónico. Cuando sea la hora de la llamada, llama primero a tu candidata y luego entra en conferencia con tu socia en la línea superior. Para evitar esas torpes fallas tecnológicas en tu teléfono, si no estás familiarizada con la llamada de conferencia en tu teléfono, te conviene practicar antes este tipo de llamadas.

> Cree en la llamada de tres personas. Desea la llamada de tres personas. Domina la llamada de tres personas.

Para que una llamada de tres personas sea exitosa, tu socia en la línea superior, tiene que ser preparada antes con información sobre tu candidata. Cuando sea posible, envía a tu socia un breve correo electrónico o mensaje de texto, lo que ella prefiera, la noche anterior o por lo menos una hora antes de la llamada. Esto ayudará a tu socia a pensar en qué se debe decir y en las historias que puedan ayudar. Recuerda que, en tanto tú y las integrantes de tu equipo acumulen más experiencia con las llamadas de tres personas, serán incluso capaces de hacer llamadas fenomenales aún sin antes saber algo acerca de la candidata. Este ejercicio también ayuda a presentar formalmente a tu posible candidata a tu socia en la línea superior. Esta información debería incluir:

* Nombre de la candidata

* Dónde vive: ciudad, provincia/estado, país

* Cómo la conociste

* Cuál es su profesión en este momento (o en el pasado)

* Por qué crees que sería buena en este negocio

* Qué es lo que la atrae de este negocio

* Si tiene empuje y es trabajadora

* Qué otras fortalezas tiene

* Qué preocupaciones u objeciones ha formulado ya

Tú y tu socia deben llegar a una llamada de tres personas con metas claras. Con cada llamada están apuntando a lograr una de las tres siguientes cosas: 1) enrolar a una nueva socia en el negocio; 2) fijar una nueva cita de seguimiento; 3) pedir recomendaciones y enrolarlas como clientes.

El flujo de la llamada

Con estas metas en la mente, veamos ahora cómo debería fluir la llamada. Una vez que las tres personas estén en la línea, presenta tu candidata a tu socia y viceversa. Esta breve presentación no debe llevar más de un minuto y debería contener:

* Una presentación

* Cómo es que se conocieron

* Por qué crees que sería muy buena en esto

* Qué hay aquí para ella (QUEAPE)

Vamos a simular ahora que yo soy tu socia en la línea superior y que me estás trayendo a tu candidata para una llamada de tres personas conmigo. Así es cómo debería ser tu presentación:

"Romi, quería presentarte a mi amiga Jane. (Ahí incluyes cómo la conociste y le agregas un auténtico cumplido). Jane y yo trabajábamos juntas en un hospital en Chicago y me parece una de las personas más sociables y magnéticas que conozco. Está abierta a la idea de ganar algún dinero extra pero dijo que no quiere comprometerse a más de lo que le es posible hacer. Así es que estoy muy entusiasmada con que ella sepa más acerca de nuestra compañía y cómo esta podría encajar en su vida".
Aquí es donde brevemente agregas datos específicos que reiteran por qué quieres trabajar con tu candidata—demostrando que verdaderamente la escuchaste y haciéndole escuchar su QUEAPE una vez más.

"Jane, me encanta que puedas hablar con mi amiga Romi. Ella te ofrecerá su perspectiva y responderá a las preguntas que tengas. Romi, sigue tú a partir de ahora".

Una vez que terminas la presentación, dejas de hablar. A partir de allí, yo tomo la conversación y dirijo la llamada y tú no hablas a menos que yo te invite a participar con algo, o a menos que tu candidata te pregunte algo directamente a ti. Es importante que yo, como tu línea superior, instale rápidamente desde el comienzo el tono de la conversación, quitando la presión de la candidata para que se sienta más abierta a escuchar lo que tengo que decir.

> Es importante que yo, como tu línea superior, instale rápidamente desde el comienzo el tono de la conversación, quitando la presión de la candidata para que se sienta más abierta a escuchar lo que tengo que decir.

"Recuerdo estar en tu posición, Jane, y que no estaba segura de qué esperar de una conversación como esta. Pero quiero que sepas que no estoy en el negocio de tratar de convencer a nadie de que deberían empezar un negocio propio. Mi trabajo es simplemente compartir mi experiencia y responder a las preguntas que puedas tener para ver si esto es algo apto para ti. ¿Te parece bien?"

Entonces comparto mi breve historia, asegurándome de que subrayo los puntos que podamos tener en común con ella y que sean relevantes. Luego le pregunto por qué está intrigada acerca de nuestro negocio, lo que me lleva a su PORQUÉ. Su respuesta me ayudará a adaptar mis respuestas a las preguntas que pueda hacer, y a repetirlas cuando le pida que tome una decisión.

Luego comparto brevemente los "hechos" de nuestro negocio con énfasis en brevemente. Uso específicamente la palabra "hechos" porque a esta altura de la conversación no estoy compartiendo opiniones. Estoy dando una lista de los indiscutibles hechos de nuestra compañía, nuestros productos, el canal del negocio y el ingreso potencial, en un mensaje con puntos sucintos y convincentes.

A continuación, vuelvo a dirigir la conversación a la candidata. *"Te acabo de dar un montón de información, Jane. ¿Qué preguntas tienes?"* Esta es casi siempre la parte más larga de la conversación en la que respondo a las preguntas de Jane acerca de lo que hacemos, cómo lo hacemos y cómo podría ella también hacerlo. Y respondo a sus objeciones.

Una vez que todas las preguntas han sido respondidas y encaradas las objeciones, es tiempo de medir el grado de disposición de la candidata para tomar una decisión.

"Ok, Jane, dime, en una escala de 1 a 10—1 siendo que está lista para terminar la llamada y salir corriendo y 10 que te gustaría comenzar hoy mismo—dónde estás tú?"

Si ella dice entre 1 y 4, le respondo: *"Este negocio no parece ser muy apto para ti"*, e inmediatamente cambio la conversación a convertirla en cliente o a que nos dé recomendaciones.

Si ella dice 5, 6 o 7, sigo adelante con la conversación: *"Parece como que aún tienes algunas preguntas antes de sentirte más cómoda. ¿En qué te puedo ayudar con mis respuestas?"* Esto llevará a la o las objeciones de fondo.

Si es un 8 o un 9, sé que muy posiblemente la ayudaré a unirse a nuestro negocio durante la conversación. Así que le muestro a Jane cuál es el siguiente paso. Si está lista para enrolarse, le describiré el sencillo modo en el que la haremos comenzar y le preguntaré si tiene unos pocos minutos en ese mismo momento. Si no tiene tiempo, entonces te insto a ti y a Jane ahí mismo a fijar un horario para más tarde ese mismo día o al día siguiente, para una cita de enrolamiento.

Como todas hemos experimentado, un enrolamiento inmediato no sucede todas las veces (aunque sería muy lindo), incluso si una candidata es un 9 o un 10. Muy a menudo precisan discutirlo con sus maridos, revisar sus finanzas, terminar largos proyectos en sus empleos, etc. Entonces tienes que estar preparada para responder con los próximos pasos que la mantendrán en movimiento en el embudo y que te ayudarán a ti y a las integrantes de tu equipo, a mantener el control de los plazos.

Si la candidata precisa hablar con su marido, valida su intención. *"Por supuesto debes discutir esto con tu marido. Déjame saber si él tiene alguna pregunta. Hablo con maridos todo el tiempo. ¿Puedes hablar con él esta noche?"* Arregla entonces una cita de seguimiento ahí mismo, para no más tarde que 48 horas después, invitando también al marido. Mi experiencia es que, si esperas más tiempo, muy posiblemente la perderás. Si tu equipo tiene acceso a una llamada de información confeccionada específicamente para los maridos—mi marido John tiene una información sensacional para nuestro equipo que habla de las preguntas específicas que tienen los maridos –menciónala a tu candidata y apenas termines la charla, envíasela inmediatamente.

Si no están interesadas en el negocio, enrólalas como clientes: *"Entiendo perfectamente que este negocio no es para ti. No es para todos. Pero estos productos (o servicios) sí son para todos y me sentiría honrada de tenerte como mi cliente".*

Recuerda pedirle recomendaciones. Ya conoces cómo es el ejercicio: *"Quizá conozcas algunas personas a las que yo pueda ayudar. Este es el tipo de personas que estoy buscando (incluye los detalles y siempre describe primero a la persona a la que le estás hablando)".*

Recuerda, ya sea que estés llevando la llamada a tu socia en la línea superior o que tu socia esté dirigiendo la conversación, ten confianza y sabe que estás proveyendo a tu candidata un foro de eficiente ayuda para que pueda decidir si desea unirse a ti en el negocio, comenzar a beneficiarse con tus productos o conectarte con las personas de su red.

Estas son las tres razones por las cuales las llamadas de tres personas no resultan.

1) **La llamada es muy larga.**
Las llamadas normalmente no llevan más de 15-25 minutos, como máximo. Y esto es así por diferentes motivos.

* No quieres abrumar a tu candidata.

* No resulta duplicable para personas que trabajan y están muy ocupadas tener conversaciones de 30-45 minutos por día para crear su negocio

* No es posible para las líderes muy ocupadas colocar tantas llamadas durante la semana, aún si están cumpliendo una maratón de largas conversaciones

* Hablando en general, todo lo que es necesario decir puede ser ejecutado en ese tiempo. Si sobrepasas los 15-20 minutos, estás siendo redundante y no enfocándote en las cosas que deberías—o sea, lidiar con las objeciones y guiar a tu candidata a tomar una decisión.

Por supuesto, hay excepciones a la regla de la brevedad. Por ejemplo, si te ha tocado una conversadora en la línea que simplemente no va a callarse, asegúrate de que ella sienta que está siendo "escuchada" pero guía la conversación tan rápidamente como puedas, a las partes importantes. También ten-

drás conversaciones con candidatas
que tienen un millón de preguntas,
ya que están tratando de explorar
y comprender cada aspecto del negocio. Escucha y responde todas las
preguntas, pero si ya no tienes más
tiempo, no vaciles en organizar una

> Si sobrepasas los 15-20
> minutos, estás siendo
> redundante y no enfo-
> cándote en las cosas
> que deberías.

llamada de seguimiento para más tarde o el día siguiente, y haz
que tu socia en la línea superior te envíe información relevante
que responda a algunas de sus más sobresalientes preguntas.
De todos modos, asegúrate de no estar en modo de convencer.
Si encuentras a veces que estás tratando de convencer a algui-
en, es que la charla duró demasiado.

Siempre dejo que mis socias en el negocio sepan, antes de
la llamada o antes de sumar a mi candidata, cuánto tiempo tengo y a tener puesta la mirada en la hora. Es su trabajo controlar
el tiempo y asegurar que puedas salir del teléfono a tiempo.
Entreno a las integrantes de mi equipo a decir sencillamente
durante una pausa en la conversación: "Yo sé que te tienes que
ir, Romi, así es que, ¿por qué no respondes una pregunta más
y después siempre podemos fijar otro horario para continuar
nuestra conversación hoy más tarde".

2) **Tu socia en el negocio no organizó la conversación correctamente.**

Es fundamental que enseñes a tu equipo cómo hacer la
presentación en la llamada una vez que todas las partes
están allí. Las presentaciones son el puntapié inicial para
una conversación relajada y casual. Es muy incómodo para
las tres personas cuando la creadora del negocio que trae a
su nueva candidata no hace inmediatamente las presentaciones y permite en cambio un torpe silencio.

3) Tu socia en la línea superior no encuentra los hechos desde el comienzo

Si no te tomas el tiempo para preguntar a tus candidatas acerca de su vida y por qué están interesadas en el negocio, te pierdes una valiosa información que serviría para mostrarles por qué tu negocio es adecuado para ellas. Permíteles contarte acerca de su vida y puntos de sufrimiento, de modo que puedas luego demostrarles que personas exactamente como ella, están teniendo éxito. Ya que a la gente le gusta casi siempre hablar de sí misma, esto te ayudará a crear un vínculo entre tú y la candidata.

Cualquiera que me haya traído una llamada de tres personas me ha escuchado hacer esta pregunta: "Así que, Candidata, mi amiga ha hecho una gran introducción sobre ti, pero me gustaría escuchar un poquito más acerca de ti y de tu vida y qué es lo que te intriga más de nuestro negocio". Esto habitualmente me da lo suficiente como para saber qué debo destacar en el resto de la llamada.

Guiarla hacia una decisión.

Ya sea que estés guiando a alguien hacia una decisión en una llamada de tres personas para alguien de tu línea descendente, o teniendo una charla individual con alguien en un café o después de un evento, existe un modo eficiente y útil para hacer una transición natural en la conversación. Después de haber respondido a todas sus objeciones, vuelve a repasar lo que la candidata te ha dicho que está buscando. Esto te lleva a cerrar el círculo, volviendo derecho al QUEAPE.

Esto es por qué el escuchar bien durante toda la conversación, es tan importante. Puede sonar como esto: "Jane, creo que esto sería muy conveniente para ti. Quieres encontrar un modo de tomar menos consultas, de modo de poder pasar

más tiempo con tus hijos y prote-
gerte verdaderamente del mercado
en declinación. Ya que parece que
serías capaz de hacer un lugar para
este negocio en medio de todas tus
ocupaciones, que amas a la gente
y te gusta la idea de ayudar a otras
personas a ser exitosas, esto podría

> **Después de haber respondido a todas sus objeciones, vuelve a repasar lo que la candidata te ha dicho que está buscando.**

funcionar de maravillas para ti. ¿Estás de acuerdo?".

Y entonces le dirías: "Nuestro próximo paso es decirte
cómo podemos hacerte empezar. ¿Te parece bien?"

Habrá veces en que has conectado todos los puntos y re-
pasado el QUEAPE, pero aún vacilan. Hay unas cuantas fle-
chas útiles que puedes tener en tu carcaj para hacer que tu candidata se decida. Tú puedes decidir usar una sola o todas ellas.

* Pregunta dónde está en la escala. Tal como te enseñé
  a hacer durante la llamada de tres personas, esto te
  ayudará a ver cuán lejos está de un "Sí" y te ayudará a
  llegar a la raíz de su vacilación.

* Pregúntale qué está a la base de su vacilación. Como
  posiblemente ya habrás respondido a todas las típi-
  cas objeciones que veremos en detalle en el próximo
  capítulo, es muy probable que se trate del modelo de
  negocio o de una falta de confianza en sí misma. No
  tengas miedo de preguntar y de llegar al fondo de esto.
  Porque, recuerda, no puedes educar acerca de lo que
  está escondido.

Si es a causa del modelo de negocio, haz más preguntas:
"¿Es porque no entiende completamente cómo funciona esto o
porque estás preocupada acerca de lo que los demás pensarán?".
Nuevamente, esto te ayudará a llegar a la raíz de su vacilación.

Sé honesta con ella: "Algunas personas pueden pensar que estás loca al hacer esto. Pero, esta es la pregunta importante--¿por qué esto te importaría? Eres tú la que tienes que hacer malabarismos entre tu exigente trabajo y tu familia, y no sintiendo que estás ganando el suficiente dinero como para salir adelante. Habrá gente que no te apoyará en tu negocio, pero esta decisión no es acerca de ellos, es acerca de ti y de lo que quieres".

El mejor modo de manejar la falta de confianza es con la explicación del apoyo que ella va a tener y con las historias de éxito de otras como ella. Soy muy honesta con las candidatas que dudan de sí mismas. "Finalmente, vas a tener que creer que precisas más. Eso no puedo dártelo yo. Eso tiene que venir de ti. Tienes que tener la voluntad de creer que mereces más que (cualquiera de las cosas que la hacen sufrir).

* Pregúntale por su Plan B. Repítele su PORQUÉ una vez más y luego, simplemente, pregúntale, si no es a través de este negocio, cuál es su Plan B para lograr su PORQUÉ.

* Háblale acerca del peor escenario posible. Esto funciona para señalar que hay muy poquito para perder y, al menos, algunas grandes cosas para ganar.

* Habitualmente, agrego algo dramático que minimice la enormidad de la decisión y la haga reír un poco. "OK, Jane. Hablemos del peor escenario posible. No es que vas a invertir medio millón de dólares para abrir una franquicia. Lo peor que podría pasar es conseguir (nombra los potenciales beneficios de tus productos o servicios) a precio mayorista, ganar tu inversión inicial con apenas un poco de trabajo y ser elegible para la deducción de impuestos que conlleva el montar un negocio en casa. Y puede que, además, te diviertas un poco".

No hay dudas de que puedes dominar la destreza de guiar a las personas a que tomen una decisión. Será cada vez más fácil y más instintivo en la medida en que lo hagas más. Por favor, no te sabotees inventándote una historia en tu cabeza de que las conversaciones profesionales, eficientes y útiles que piden a tus candidatas a tomar una decisión, son agresivas. Profesional, eficiente y útil es exactamente lo que tú y tu candidata a socia, merecen. Tienes un regalo para compartir y estás buscando a gente que quiera lo que tú tienes para ofrecer. Y, cuando la encuentras, es una fiesta. Es la razón por la cual me levanto todas las mañanas queriendo comunicarme con los demás y encontrar a mis próximas socias en el negocio.

> Tienes un regalo para compartir y estás buscando a gente que quiera lo que tú tienes para ofrecer.

Capítulo 7

Las objeciones

L as personas ofrecerán objeciones acerca de por qué no creen que este negocio sea apto para ellas. ¡No temas a las objeciones, abrázalas! Las objeciones son un modo muy útil para continuar con la conversación acerca de tu negocio—cuando las tratas como pedidos de mayor información. AMO las objeciones por cuatro razones:

1) Invitan a tener una conversación verdadera acerca de la candidata, el negocio, y si ambos encajan entre sí o no.

2) Muestran que la candidata está lo suficientemente involucrada en la conversación como para hacer preguntas. ¡Podemos trabajar con eso!

3) Comienza el proceso de entrenamiento. Si la candidata que está objetando se une a tu equipo, ya le habrás mostrado que sus objeciones no son un impedimento para agregar una integrante al equipo, pero, simplemente, parte del proceso. Y además ya habrás comenzado a enseñarle cómo responder a ellas.

4) Educar a las personas acerca de este negocio es muy divertido. Las conversaciones más instructivas y auténticas suceden al explorar las objeciones de la candidata. Pero no podemos explorar lo que está oculto.

Las cosas más importantes para recordar cuando estés tratando objeciones son: ¡no estés a la defensiva y no te coloques en modo de convencer! Estamos escogiendo personas, no convenciéndolas. Si tu foco permanece en el estar al servicio de tu candidata o candidato para ayudarla o ayudarlo a comprender el modelo de nuestro negocio, la propuesta de tu compañía y el QUEAPE, la conversación será relajada, auténtica, eficiente y útil.

He aquí la gran noticia: existe solo un puñado de objeciones que nos hacen a todas y, una vez que te sientas cómoda tratando con ellas, podrás ayudar con toda confianza a tus candidatas personales y a aquellas que te traigan para llamadas de tres personas, a tomar decisiones solventes acerca de si desean comenzar su propio negocio. Por supuesto, puedes recibir objeciones que sean exclusivas de tu producto o servicio, pero imagino que entre tu compañía y tus socias en la línea superior, estarás en buenas manos para aprender cómo responderlas.

Cuando alguien hace una objeción, me gusta usar el método que aprendí de un veterano de la industria y uno de los más auténticos comunicadores que jamás conocí, Richard Bliss Brooke—responder con una pregunta. Una pregunta clarificadora es muy útil, porque la gente a menudo no comprende exactamente qué están objetando o han asumido algo incorrectamente. La respuesta a tu pregunta clarificadora te dará más información acerca de lo que tu candidata está realmente pensando. Verás más abajo cómo esto juega.

> La gente a menudo no comprende exactamente qué están objetando o han asumido algo incorrectamente.

Aunque queremos que nuestros candidatos se sientan escuchados y no queramos minimizar sus sentimientos, nuestro trabajo es explicarles por qué sus preocupaciones no deberían impedirles comenzar un negocio propio. Hasta que te sientas cómoda respondiendo a las objeciones, un formato útil para tus respuestas (después que has hecho tu pregunta clarificadora) es "*sentir- sentí- descubrí*". "*Comprendo cómo te puedes* **sentir** *acerca de* ___. *Yo misma* **sentí** *lo mismo antes, pero esto es lo que* **descubrí**".

A medida que pase el tiempo serás aún más auténtica y natural en tus respuestas, tal vez abandonando el "sentir-sentí-descubrí" que te sonará muy trillado.

Hablemos entonces de las objeciones más comunes y cómo puedes quitarlas de la cancha con tus respuestas. Cada objeción está seguida por una Pregunta clarificadora y luego, por la propuesta de una respuesta una vez que tu candidata ha respondido tu pregunta.

No creo tener el suficiente tiempo para hacer esto.

Pregunta clarificadora: "*¿Cuánto tiempo crees que precisas para comenzar a construir tu propio negocio?*"

"*Justamente estoy buscando personas ocupadas porque aprendí que son las personas ocupadas las que hacen las cosas. Tengo que decirte que no estaba segura acerca de cómo yo iba a acomodar esto, pero muchas de nosotras trabajamos este negocio en las horas de tiempo parcial que encontramos entre nuestras muchas actividades. Requiere un poco de esfuerzo consistente para hacer un poquito cada día, acomodando las cosas en tu vida diaria y manteniendo las conversaciones. Y, seamos honestas, podemos encontrar un tiempo para aquellas cosas que son una prioridad—ya sea construir un negocio o mirar una maratón de Game of Thrones*".

Investiga más a fondo para encontrar qué es lo que tu candidata querría hacer con esto. "*Entonces, me estás diciendo que te gustaría tener una estrategia de salida de tu empleo (o cualquiera sea su PORQUÉ). En 10 a 15 horas por semana—diez* minutos aquí, veinte allá, media hora después—puedes invertir tu tiempo en alcanzar esas metas. *Así que lo que me interesa saber no es si tendrás tiempo para esto o no, pero si deseas dedicar tiempo a esto. ¿Quieres invertir tu tiempo en (repítele su PORQUÉ)?"*

No tengo el dinero para hacer esto.

Pregunta clarificadora: *"Si el dinero no fuese un tema, te gustaría asociarte y comenzar a construir un negocio que te ayudará a (repítele su PORQUÉ)?"*

"Si no tienes el dinero para invertir en un negocio tuyo que pueda hacer crecer un flujo de ingreso adicional para ti, esto te muestra cuán útil te sería esto. ¿Tienes disponible en tu tarjeta de crédito lo que se necesita invertir? Si lo tienes, te enseñaremos cómo recuperar tu inversión a través de la venta de productos y haciendo crecer tu equipo (y cualquier otro incentivo que ofrezca tu compañía). Te mantendré totalmente enfocada en la actividad productora de ingresos que te hará recuperar tu inversión".

Si dicen que precisan tiempo para conseguir el dinero, entonces arreglo una cita de enrolamiento, así tienen una fecha límite para alcanzar. También les doy como deber, solidificar su PORQUÉ y escribir la lista de su Equipo Soñado inicial. Cuando confirmo su cita de enrolamiento unos días antes, les pido esa información. La tarea las hace comenzar, mantiene su futuro negocio en la mente y me muestra con cuánta seriedad encaran el hacer esto. Además, si finalmente no se unen a nosotras, les pido que me conecten con la gente de su Equipo Soñado que ya completaron. ¡No pueden decirte que no pensaron en alguien con quién podrían conectarte!

No quiero molestar a los amigos.

Pregunta clarificadora: *"¿Por qué crees que estarías molestando a los amigos?"*

"Me alegra escuchar eso, porque eso no es lo que nosotras hacemos. Nosotras compartimos información acerca de productos (o un servicio) que amamos y de un negocio que puede mejorar o cambiar vidas. Si te parece que estás molestando a alguien, es que no te has dejado entrenar y que no estás siguiendo nuestro simple sistema. Te enseñaremos cómo hablar en forma casual y conversacional con la gente que conoces y con las personas que te recomienden. Y, mira, no todos querrán tus productos o unirse a tu negocio. Pero, eso está bien también".

No conozco a bastante gente.

Pregunta clarificadora: *"¿Cuántas personas crees que debes conocer?"*

"Todos conocemos mucha gente. Te ayudaremos a refrescar tu memoria de modo que recuerdes todas las personas que has encontrado a lo largo de tu vida. Una de las muchas cosas que me gustan en este negocio, es que no se trata necesariamente de las personas que conoces, pero de los contactos de esas personas que conoces. Además, este negocio es un gran recurso para conocer nuevas personas. Te diremos cómo. Recuerda, no prejuzgues lo que otra persona pueda estar buscando. Nunca sabes quién está buscando exactamente lo que tienes para ofrecer. Creo que probablemente conoces suficientes personas como para comenzar a construir tu negocio. Lo que realmente me interesa saber es cuánto te gusta la gente. Porque en este negocio, la gente lo es todo. Si no te gusta hablar con la gente, con montones de gente, entonces no te divertirás y no tendrás constancia. Así que hablemos acerca de cuánto te gusta la gente".

No soy una vendedora.

Pregunta clarificadora: *"¿Por qué crees que precisas antecedentes de vendedora?"*

"No estoy buscando vendedoras. Estoy buscando personas apasionadas a las que les guste compartir con los demás aquello que aman. También estoy buscando a gente a la que le guste ayudar a los demás. ¿Crees tú ser alguien así? Si lo eres, te enseñaremos cómo hacer lo que hacemos. Y, enfrentemos esto, incluso aquellas de nosotras que jamás hemos vendido nada, igual vendemos. Vendemos ideas. Caramba, vendo incluso ideas a mis hijos cada día para lograr que hagan lo que quiero que hagan".

Este no es el momento adecuado para que yo comience un negocio.

Pregunta clarificadora: *"¿Cuál sería el momento adecuado?"*

"El momento para comenzar un negocio, o como para tener hijos, nunca será perfecto. Lo perfecto no existe. Pero me parece que realmente quieres (repítele su PORQUÉ). Hablemos acerca de cómo esto podría encajar en medio de todas las otras cosas que haces y ayudarte así a llegar a (su PORQUÉ)".

Si sigue diciendo que no ahora, haz una transición a las recomendaciones y la conversación para que sea una clienta. Si no acepta eso tampoco, pregunta a tu candidata si puedes volver a contactarla más adelante.

¿Esto es una pirámide?

Pregunta clarificadora: *"¿Qué quieres decir con pirámide?"*

Si te responden que se refieren a un "esquema piramidal", entonces responde: *"Los esquemas piramidales son ilegales. Con las pirámides, no hay ventas de productos (o servicios). Esto no es eso". Si creo que puedo ser un poquito atrevida, le pregunto: "¿Es eso lo que estás buscando?"*

Si responden que se refieren a "una de esas cosas en las que construyes un equipo y el equipo gana dinero para ti", entonces continúa: *"Si estás preguntando si esto sigue un modelo de red de mercadeo, absolutamente sí. No haría esto si no lo fuese. Podemos construir una organización de clientes e integrantes de equipo y le enseñamos a otros a hacer lo mismo. En vez de que solo me paguen por mi esfuerzo, gano basada en el éxito del total de mi equipo. Al revés de la mayoría de los trabajos, en los que nunca esperamos ganar más que nuestro jefe, no es poco común que alguien gane aún más dinero que la persona que la invitó a participar en el negocio. ¿Qué otras preguntas tienes?"*

Una vez que hayas tratado todas sus preguntas y objeciones, di entonces: *"¿Tienes alguna otra pregunta o estás lista para comenzar?"*. Si tu candidata no te hace más preguntas pero rechaza comenzar en ese momento, simplemente pregunta: *"Siento una cierta vacilación: ¿qué hay detrás de ella?"*. En su auténtica respuesta estará la objeción que aún no te comunicaron.

Aquí está todo lo que aprendí a lo largo de los años sobre las objeciones: aquello de lo que tú no estás segura, es aquello que se te preguntará más frecuentemente. ¿No crees de verdad que este es un modelo de negocio brillante? Te preguntarán acerca de las pirámides. ¿No estás segura de tener lo que hace falta para hablar de tu negocio y tus productos de manera convincente porque te falta experiencia de venta? Tus candida-

> **Aquello de lo que tú no estás segura, es aquello que se te preguntará más frecuentemente.**

tas te dirán que no creen tener los antecedentes correctos.

Por lo tanto, asegúrate de que has respondido a fondo tus objeciones, de modo de tener una confiable y poderosa actitud para atajar cualquier objeción que te hagan.

Capítulo 8

A ella no le gustas tanto...
¿O sí?

Hablemos de una característica epidémica en nuestro negocio que muy probablemente te afecte a ti. Tienes a personas atascadas en tu embudo y no puedes, hagas lo que hagas, hacerlas pasar. Quiero ayudarte a lidiar con este problema y que seas capaz de empujar a estos pesados a través de tu embudo, ya mismo y sin hacerte mala sangre. Porque como ya he dicho, no hay nada peor que un embudo constipado.

Cuando tienes a personas atascadas en tu embudo, se crea un verdadero lío contigo y tu negocio. Te distrae, te frustra y te agota emocional y energéticamente. Exactamente como la otra clase de constipación. Y, como ya hemos conversado, puedes ilusionarte con que tienes gente que muy posiblemente se integre a tu equipo, lo que evitará que te dediques a continuar contactando a otros en el volumen que nuestro negocio requiere. Así es que tenemos que aprender a ser muy hábiles para empujar a la gente a través de nuestros embudos.

Comencemos con algunas pepitas de oro. En primer lugar, si te estás comunicando con la suficiente cantidad de gente como para mantener tu embudo lleno, no tendrás una expectativa especial con ninguna persona acerca del resultado. Recuerda lo que digo en el entrenamiento—al menos de tres a cinco personas por día.

En segundo lugar, no temas perder lo que aún no tienes. Muy a menudo veo a constructoras del negocio que preferirían

> No temas perder lo
> que aún no tienes.

mantener a una candidata en suspenso interminablemente en su embudo, antes que hacerle unas sencillas preguntas puntuales para llegar al porqué de su falta de decisión. Temen que su candidata se aleje de la oportunidad cuando se la empuje a ser honesta, abierta y decisiva.

Aclaremos verdaderamente algo. Si una persona está allí sin decidirse acerca de qué rol, y si alguno, desean tener en tu negocio, no tienes nada para perder. Pero, al ayudarlas a tomar una decisión, resguardas tu salud mental.

En tercer lugar, aprende el Retirar y no tengas miedo de usarlo. Esto es simplemente retirar la oferta del negocio. Se hace de un modo muy casual, no emocional. Hay muchos modos de formularlo, dependiendo de los detalles de tus conversaciones, pero puede ser algo tan sencillo como: "No creo que este negocio sea apto para ti. No es apto para todos". Y luego continúa la conversación pidiendo recomendaciones y hablando acerca de tus productos o servicios.

Si no estás comenzando y continuando conversaciones del modo que he desarrollado en los capítulos anteriores, no es sorprendente que tengas gente pendiente en tu embudo. No saben qué hacer a continuación. No les estás pidiendo que se decidan. Por lo tanto, te imploro que realmente te ocupes de esto, incluyendo las llamadas de tres personas. De verdad, este sistema funciona.

Ahora me quiero concentrar en todas las otras situaciones en las que las candidatas se quedan atascadas, a pesar de seguir todas las reglas. Porque esto nos pasa a todas. La gran noticia es que, la mayor parte del tiempo, descubrirás que alguien está atascada simplemente porque no le has hecho las suficientes preguntas. Nuestro trabajo es hacer las suficientes preguntas y escuchar de verdad las respuestas de modo que podamos darnos cuenta, y a veces ayudar a la candidata a darse cuenta, si esto es algo que ella quiere realmente hacer o si simplemente no está tan interesada en ti. Exploremos cómo funciona esto.

> La mayor parte del tiempo, descubrirás que alguien está atascada simplemente porque no le has hecho las suficientes preguntas.

No puedo hacer que participe en una llamada de tres personas.

Tu candidata Mary dice que está interesada, pero no se comprometerá a tener una llamada de tres personas y no se enrolará. Has incluso perfectamente organizado la charla telefónica para mostrarle el QUEAPE, pero ella responde: "No, no creo que precise una ahora". ¿Te ha sucedido esto alguna vez? Por supuesto que sí. Nos sucede a todas.

En vez de aceptar lo que te dice, deberías hacerle algunas preguntas.

"¿Así que, Mary, ya consideras que tienes toda la información que ahora precisas para decidir si este negocio es apto para ti?". Si te dice "Sí" entonces levanta tus brazos y grita "Hurra" porque es fácil seguir a una conversación de concreción.

"Genial, Mary. Parece que entonces ya estás lista para comenzar a construir tu propio negocio llave en mano de modo de que puedas pagar todas las actividades de tus hijos y que te sobre algo para no tener que pedir permiso a tu marido cuando quieres pasar un día en un Spa (o lo que sea que sepas le pueda interesar)".

Si ella está lista, la enrolas. Si dice "No", entonces sigues haciendo preguntas.

"Entonces, ¿qué otra información precisas para poder decidirte?". Si te responde con un "No sé", entonces le podrás decir: "Es por eso que me parece que obtendrías un gran provecho teniendo una breve conversación con mi amiga y socia en el negocio. Esta es la mejor manera para que comprendas cómo esto podría servirte y si quieres ser parte de esto. Si finalmente no te sirve, no hay problema. Al menos sabrás".

Si aún continúa retrayéndose, entonces sigue haciendo preguntas. "Siento que no te resulta cómodo hablar con una de las personas con las que trabajo. ¿No es cierto? ¿Y por qué será?".

Su respuesta muy posiblemente incluya el no querer sentirse presionada u obligada a ponerse en contra, o alguna otra idea por el estilo. Sé honesta y auténtica y muéstrale que no tienes expectativas especiales acerca del resultado de su decisión.

"Mira, lo último que deseo es convencerte de algo. Si esto no es algo que te entusiasme, entonces esto no es para ti. Pero, si estás dudando porque estás nerviosa acerca de si verdaderamente podrías construir esto y cómo encajaría en tu vida, estas son preguntas que podemos explorar juntas. Es natural que esto te ponga nerviosa. A todas nos pasa, ya que es algo fuera de nuestra zona de confort. Esta llamada es simplemente una oportunidad para explorar más a fondo si este es el vehículo para llevarte allí donde me has contado que quieres llegar".

Si aún así no acepta seguir el proceso con una llamada de tres personas, ¿adivina qué? ¡No le interesas! Seamos realistas. Si no está abierta a una maldita llamada de conferencia para discutir más acerca de una propuesta de negocio, ¿sería alguien adecuada para nuestro negocio? La respuesta es no. Así que no dejes a personas como Mary pendientes dentro de tu embudo. Empújalas y dedícate a la próxima persona. Porque es así como harás crecer tu propio negocio.

"Sabes, Mary, realmente siento que este negocio no es para ti, al menos ahora. Así es que ahora que ya tienes una buena idea de lo que se trata, veamos si conoces a alguna persona a la que le interese comenzar un negocio propio de tiempo parcial que les haga la vida más fácil y más placentera. ¿Podrías conectarme con las personas que conoces para ver si puedo ayudarlas?"

Si te dice que sí, entonces ejecuta el pedido de recomendaciones que describí en el Capítulo 5. Si dice NO—y en todos estos años solo cinco personas se negaron a conectarme con otros—claramente no es el tipo de persona que es generosa y que ama conectar a los demás con cosas que podrían ser valiosas para ellos. ¡Una prueba aún mayor de que no serviría para nuestro negocio! Luego, por supuesto, haz una transición a una conversación sobre tus productos o servicios.

Has hecho una llamada de tres personas, pero aún no se decide.

Digamos que ya has hecho una llamada de tres personas con tu candidata, hablando acerca de todas las objeciones que les ha hecho a ti y a tu socia en la línea superior, pero aún no quiere comprometerse a enrolarse. Una vez más, las preguntas son tus mejores amigas.

"Mary, yo sé que ya respondimos a tus preguntas en la llamada que hicimos con mi socia, pero siento que aún tienes alguna reserva que te impide unirte a esto. Hablemos de eso".

Trata de que ella te diga qué le pasa en su mente. Puedes precisar hablar un poco más acerca de las objeciones y ella también puede tener algunas nuevas. Sin embargo, esto es lo que habitualmente he encontrado que está en la raíz de todas las objeciones y vacilaciones. O bien ella, en el fondo no quiere pasar un tiempo consistente cada semana de su vida por los próximos dos años en un negocio propio, o no cree lo suficiente en ella misma como para pensar que puede de verdad hacerlo. Entonces, ¿cómo haces para extraer esto de ella con preguntas?

"Mary, ya hablamos acerca de qué sugiere que alguien podrá ser exitoso en esto, así que recorramos esa lista otra vez.

∗ Este es un negocio centrado en la gente y, claramente, te gusta la gente y hablarles, así que tienes eso a tu favor.

∗ Este negocio requiere por lo menos diez horas por semana de actividad constante. ¿Todavía crees que quieres dedicar diez horas por semana a esto?

∗ Tal como conversamos anteriormente, este negocio es simple, pero debes ser entrenable y tener la voluntad de aprender el sencillo sistema. ¿Eres entrenable?

Si Mary dice que Sí a todo esto, entonces continúas al enrolamiento: "Genial, entonces te haremos comenzar".

Sí, en cambio, está aún arrastrando los pies, le haces otra pregunta (que puede ser la madre de todas las preguntas) para llegar a la verdadera raíz de su parálisis. "Por lo tanto, Mary, si sabes que estás dispuesta a aprender cómo construir esto, y yo puedo ayudarte en cómo hacerlo, y hay montones de personas como tú que tienen éxito construyendo negocios, tengo que preguntarte, ¿crees que tienes lo que hace falta para hacer esto?"

> **Haz la madre de todas las preguntas:**
> **"¿Crees que tienes lo que hace falta para hacer esto?"**

Esta pregunta es muy valiosa porque te ayudará a ir a la raíz de la vacilación—muy posiblemente descubrirás que carece de confianza en sí misma. Una vez que sepas con qué estás lidiando, puedes seguir hablando con ella acerca de esto,

"Mary, ¿qué crees que tiene la gente que es exitosa que tú no tienes?". Puedes descubrir que simplemente ella no cree en ella misma lo suficiente como para siquiera intentar, o que ella no crea que merece ser exitosa. Sí, oímos unas cuantas cosas bastante fuertes. Pero, recuerda, no somos terapeutas y no podemos hacer que una persona crea en sí misma. Lo que podemos asegurarles es esto: "Me sentiría muy honrada y emocionada si pudiese ser parte de tu aprendizaje acerca de cuán capaz eres y que tú también puedes tener algo propio exitoso, lucrativo y placentero. ¿No te haría esto feliz?".

Si finalmente su respuesta a esto es "No", entonces déjala ir con amor. Porque no puedes arreglar lo que está roto. Pero, no la dejes ir sin antes agregar: "Esto es lo que yo sé que te haría feliz: tener la mejor piel de tu vida (o mejor salud o cualquier cosa que sea que ofrezcas como producto o servicio)", compartiendo con ella otra vez lo que hay aquí para ella, si es tu cliente.

He aquí un ejemplo de la vida real tomado de mis candidatas. Una mujer con la que estaba hablando (la llamaremos Sue) estaba arrastrando sus pies desde hacía tres semanas. Practico lo que predico, así que la paseé por la lista de qué es lo que predice los éxitos y me respondió afirmativamente a todo. "Bueno, Sue, parece que este es un caso de perfecta conveniencia," dije. "Entonces, ¿por qué demonios no sigues avanzando?"

Mi pregunta atrevida, en tono familiar, hizo que finalmente me comunicara cuál era su verdadera duda. No estaba segura de querer trabajar con tanta gente todo el tiempo y tenía un serio cuestionamiento acerca de si quería "ser responsable por el éxito de otros". Esta fue una gran señal de alarma. Nuestro negocio es completamente acerca de ayudar a los demás a tener éxito, y estamos buscando a gente que vea esto como un privilegio y no como una carga. Por lo tanto, fui capaz de identificar que no sería buena para nuestro negocio e hice el Retirar, pero antes logré asociarla como cliente de nuestros productos y obtuve dos recomendaciones de personas que ella describió como amigas a las que les gusta ayudar a los demás.

Todo suena muy bonito, pero ella no se decide.

A veces, no importa cuánto sigas el sistema de conversaciones o cuán elegantemente hagas tus preguntas y lleves el va y viene de la discusión, tu candidata simplemente no se decidirá. No... están...seguras.

Claramente, estas personas no son pistoleras; son las anti-pistoleras. Descubrí que el mejor modo de lograr que se decidan, es ofrecerles un proceso de toma de decisión pre-digerido. Hago esto dándoles tareas.

> Descubrí que el mejor modo de lograr que se decidan es ofrecerles un proceso de toma de decisión pre-digerido.

Les pido que hagan unas pocas cosas de aquellas que tendrían que hacer de todos modos cuando comiencen su negocio, diciéndoles que los ejercicios les mostrarán si quieren o no realmente construir su propio negocio y, si quieren, estarán ya adelantadas en su aprendizaje.

Les pido que hagan estas tres cosas:

1) "Escribe cuál es tu PORQUÉ para querer hacer este negocio. Ya hablamos acerca de esto, ya lo sé, pero hazlo más sólido en tu escritura.

2) "Siéntate con un bloc y una lapicera y escribe los nombres de todas las personas que conoces. Luego pon estrellas a los Mejores 30 Integrantes del Equipo

Soñado; la gente con la que te gustaría construir algo, aunque no tengas idea acerca de si estarían interesados".

3) "Quiero que pienses acerca de tu PORQUÉ, y si no te dedicas a este negocio, de qué otro modo piensas llegar donde quieres estar. ¿Cuál es tu plan B? Escríbelo".

Luego fijo otro momento para hablar (¡recuerda el ir de cita en cita!) y les digo que me envíen sus deberes antes de la llamada—su PORQUÉ, la cantidad de gente en su lista y su plan B para que puedan llegar a su PORQUÉ. Esto las pone en acción. También muestra si están queriendo hacer un trabajo y si son capaces de mantener la parte de su compromiso para negociar. Además, si finalmente deciden que esto no es para ellas, ya tienen su lista de recomendaciones lista para ti. ¡Bang!

Están "Desaparecidas en acción"

Nos ha pasado a todas, probablemente más veces de las que podamos contar. Alguien expresa interés, confirma la recepción de nuestro correo electrónico con más información y quizá incluso confirma la posterior llamada de tres personas. Luego recibes un mensaje de voz. Tu candidata se ha unido al Programa de protección de testigos.

Tu primer pensamiento debería siempre ser dar a la persona el beneficio de la duda. Suceden cosas, existen accidentes, los humanos olvidan. Entonces deberías dejar un mensaje de voz que diga algo como: "Hola, Mary, soy Romi. Teníamos una llamada fijada para esta hora para ayudarte a explorar más un negocio con nosotros. Quisiera ofrecerte otros horarios para poder concertar una nueva llamada. Tengo dos horarios posibles, esta tarde a las 3, o mañana a las 9:30 de la mañana. ¿Cuál te viene mejor? Envíame un mensaje o llámame para decirme lo que prefieres y dejarme saber que estás bien. ¡Hasta pronto!"

Si no devuelven tu llamada, me gusta hacer un seguimiento en un par de días con un texto o un correo con: "Hola, Mary, me pregunto si estás aún interesada en continuar nuestra conversación. Si te resulta difícil decirme que No, por favor, no te preocupes. No tengo ninguna expectativa especial en cuanto a tu decisión. Tengo unos minutos hoy para hablar brevemente contigo a las X o Y. Dime qué hora te viene mejor".

¿Aún no pasa nada? Dale entonces un par de semanas y entonces: "Hola Mary. Espero que te encuentres bien. Tengo que decirte que soy realmente buena en lo que hago, y muy buena en los seguimientos. Me dijiste hace un tiempo que te parecía que mi negocio sería un gran modo de alcanzar (su PORQUÉ potencial). Así es que hasta que no me digas que No, seguiré llamándote cada tanto".

Este enfoque les quita la presión; todo lo que tienen que hacer es decirte que no, si no quieren oír más. He sido gratamente sorprendida con la cantidad de veces que esto ha llevado a continuar la conversación. "Por favor, no dejes de llamarme. Es que ahora estoy en un mal momento", o "Esto es lo que me preocupa...".

Yo sé que es fácil perder el entusiasmo cuando las personas desaparecen en acción. Pero quiero que te hagas a ti misma esta importantísima pregunta: ¿Quieres en tu equipo a alguien que no aparece o que no tiene la clase suficiente como para darte una pista acerca de un conflicto o de un cambio de ánimo, aunque más no fuese por respetar tu tiempo? Si fueras la persona que contrata gente para tu equipo y tuvieras que pagarles de tu propio bolsillo, ¿le harías un ofrecimiento a una candidata que no aparece para una entrevista? Es más que seguro que yo no lo haría.

Si eres alguien como yo, ya te has preguntado a ti misma y al universo por qué los demás no ven lo que nosotras vemos y por qué los demás no devuelven las llamadas o aparecen en las citas que organizamos.

Pero, John, mi marido y sabio socio en el negocio a menudo me recuerda lo que el autor Shawn Achor, investigador de la felicidad y best-seller dice, y que espero te lo grabes. Tener un mismo conocimiento, no significa actuar del mismo modo. El tener la misma información que tú, no significa que vayan a actuar como tú. Si tú fuiste educada con buenas reglas sociales o un formal protocolo de negocios, no significa que los demás lo hayan sido. No lo tomes de modo personal. No dejes que esto te agote.

Recuerda que en algún punto, al menos ahora, a esas personas no les importa. No están tan interesadas en ti. Ni en este modelo de negocio. Ni en tu compañía. Ni en crear un negocio propio. Ni en hacer lo que saben sería un trabajo consistente. Y está bien.

Soy la prueba viviente—y también lo es mi equipo—de que hay allí afuera una gran cantidad de personas que se interesarán en ti, y que si hablas con las suficientes personas, las encontrarás. Solo prométeme que harás que todo esto sea mucho más fácil para ti y para ellas, haciéndoles las preguntas que las lleven a decirte su verdad. No tengas miedo a los No, porque los No te acercarán a los Sí y a las personas que están muy interesadas en ti, en nuestro modelo de negocio, tu compañía y en construir algo propio.

> Soy la prueba viviente—y también lo es mi equipo—de que hay allí afuera una gran cantidad de personas que se interesarán en ti, y que si hablas con las suficientes personas, las encontrarás.

Solo mantente conversando con la gente. Ama el proceso. Cuando hables con la suficiente cantidad de personas, encontrarás a las que se interesan en ti, exactamente como hice yo. Y es ahí donde todo se convierte en algo realmente placentero. Y luego tu gente encontrará otra gente que esté muy interesada en ellos.

Tengo que saludar a cada una de los integrantes de mi equipo que ha dicho Sí. Estamos muy interesadas en ti. En realidad, es el motivo por el que hablamos con la gente todo el tiempo— para encontrar más gente como tú.

Capítulo 9

La fortuna está en el seguimiento

Uno de los mayores errores que cometen las personas en nuestra profesión es pensar: 'Una vez y listo'. Si hablan una vez con una persona y esta les dice que "No", no vuelven a tocar jamás el tema con esa persona. Por suerte, todas experimentamos—y muy seguido—la felicidad que nos invade cuando alguien entra en tu embudo por primera vez y, a través de una serie de conversaciones durante un corto período de tiempo, compra tus productos o se une a tu equipo. Pero, la mayor parte de las personas con las que hables, precisarán ver y oír tu mensaje muchas veces.

La Regla de Siete es una vieja máxima del marketing. Aconseja tener en cuenta que una persona precisa ver u oír tu mensaje al menos siete veces antes de actuar. No hay pruebas de que el número siete sea el santo grial de los contactos. Pero, lo que es innegable, es que el mercadeo—y en nuestro caso, la red de mercadeo—debe ser un proceso continuo para tener éxito.

¿Por qué la gente precisa escucharnos tantas veces antes de actuar? En primer lugar, el volumen de ruido con el que cada uno de nosotros está bombardeado cada día, es asombroso. Y, durante no importa que día, es posible que la persona con la que estás hablando tenga tanto ruido en su vida como para no ser capaz de escuchar de verdad, aún si lo desea. En segundo lugar, aquello de lo que estás hablando puede estar tan lejos de lo que ella jamás hubiese considerado, que va a precisar una serie de exposiciones, antes de estar preparada para aceptar la idea. Tal vez no es el momento adecuado porque está muy ocupada y tan agobiada que no puede siquiera concentrarse en lo que le estás diciendo. Y quizá, simplemente, no está buscando lo que tú tienes para ofrecerle. Al menos no en este momento.

Por lo tanto, no te deprimas si la gente con la que hablas, no está ya mismo lanzándose a ser tu integrante de equipo o cliente. Y quiero decir, realmente, ¿por qué crees que podrías desafiar el juego de números dictado por nuestra conducta humana y nuestro mundo ruidoso? A menos que tengas los poderes de manipulación de la mente de un superhéroe, es así como se supone que son las cosas.

Lo que, sin embargo, debes recordar es que "No" en realidad significa "No en este momento". Hay en Internet un gran número de estadísticas acerca de cuántos contactos son necesarios y que pocas personas, en realidad, hacen todos esos contactos. Las he citado aún en los entrenamientos de mi equipo. Desdichadamente, al hacer mi investigación para este libro, encontré que no solo esas estadísticas son falsas sino que la organización de ventas que acreditó su confección es también ficticia.

> El fracaso no llega cuando se obtiene un "No", sino cuando se abandona el seguimiento de ese "No".

Pero no preciso investigación verificada para decirte que si continúas el seguimiento con las personas, una gran cantidad de ellas terminará comprando tus productos o uniéndose a tu equipo. Porque yo lo he vivido. Y he escuchado centenares de bellas historias de "No", convirtiéndose finalmente en "Sí". El fracaso no llega cuando se obtiene un "No", sino cuando se abandona el seguimiento de ese "No".

Si no te llevas nada más de este capítulo, recuerda al menos esta Regla de Oro: Vuelve a contactar periódicamente a cada persona con la que has conversado, a menos que ya se hayan unido a tu negocio o dicho "No me contactes más". Si no lo haces, te estarás perdiendo un montón de "Sí" que sucederán si simplemente sigues hablando. Toma nota de que no estoy excluyendo a las personas que han dicho "Sí" a ser tu cliente. Volver a contactar a tus clientes para hablarles del negocio y obtener recomendaciones, es vitalmente importante. Esos clientes que ya aman tus productos, son tus mejores oportunidades para conseguir constructores de negocios y recomendaciones.

Entonces, ¿por qué no vuelves a contactarlos consistentemente? Muy a menudo es porque no quieres parecer agresiva o porque quedaste tan herida después del primer "No" que temes volver a insistir.

Repite conmigo: "No estoy siendo agresiva, ¡estoy siendo profesional!". Ya que sabemos que las personas con las que hablas están programadas por la naturaleza humana y su ambiente para decir que "No" la primera vez, su "No" no dice nada acerca de ti.

Aquí está una historia de éxito de la vida real para inspirarte. Jen Griswold ignoró los mensajes de su mejor amiga de la infancia Jamie Petersen durante aproximadamente seis meses. No estaba interesada en escuchar nada acerca del nuevo negocio de Jamie. Pero Jamie fue persistente y continuó goteando mensajes sobre Jen, a pesar del absoluto silencio. Jen finalmente aceptó una llamada con Jamie para decirle que "No". La llamada llevó a que Jen aceptase proveer recomendaciones a Jamie, pero Jen no pudo quitarse el negocio de la cabeza. Eso llevó a una llamada de tres personas conmigo, lo que encendió en Jen la idea de que podría armar un equipo que proveyese a las esposas de militares la creación de un negocio lucrativo, flexible y portátil. Jen es una reservista de la Fuerza Aérea a la que le llevó un largo tiempo llegar al motivo de su PORQUÉ para querer hacer esto y decir que "Sí". Si Jamie se hubiera rendido, nuestro equipo se hubiese perdido el dúo excepcional de Jamie y Jen, dos de las más exitosas líderes en nuestra compañía.

Nuestras cuatro últimas socias en el negocio personal y tres clientes, son personas a las que he estado hablando durante años. ¡Tanto como dos, tres, cuatro y cinco años! A lo largo de los años, nos han dicho que "No", no ahora, no es el momento, e, incluso, nada en absoluto (¡esos malditos silencios!). Si hubiésemos desistido, nos habríamos perdido el sumar a todas estas nuevas personas a nuestro negocio. Y eso hubiera sido una pena para todas nosotras.

Debes volver a contactar y volverás a contactar.

¿Recuerdas las ideas que te di para mantener organizada tu lista? Es muy importante encontrar un sistema que te resulte útil, de modo que puedas hacer el seguimiento con el propósito de volver a contactar. Si lo precisas, ve hacia atrás y revisa el Capítulo 3, y entonces decide qué sistema adoptar—ya sea páginas Excel, un cuaderno, fichas, un sistema online, o un documento Word con un índice como el que yo he usado desde hace años. Te aliento a que uses tu sistema de calendario para mantener tus tareas al día. Yo uso iCal (tal vez tu usas Outlook u otro tipo de agenda antigua de papel). No importa lo que uses, solo asegúrate de que lo estás llenando con las próximas citas de seguimiento toda vez que sea posible.

Por ejemplo, si hablo hoy con alguien que me dice que este no es un buen momento para ella porque está remodelando su casa, le pregunto cuándo cree que se terminará ese proyecto. Y entonces le digo: "Voy a volver a llamarte en cinco semanas. Me gustará oír acerca de qué bien resultó la remodelación y retomar nuestra conversación. ¿Te parece bien?". Entonces la agendaré con los detalles, incluyendo un recordatorio acerca de preguntarle cómo resultó la remodelación. No importa cuán loca sea mi vida ni las cosas de las que me olvido, no me voy a olvidar de hacer esto.

> Me gusta pensar en el volver a contactar a la gente como un juego. Es divertido imaginar excusas para volver a llamar.

Me gusta pensar en el volver a contactar a la gente como un juego. Es divertido imaginar excusas para volver a llamar y hacer que mis candidatas piensen: "OK, realmente debería escuchar lo que Romi tiene para decirme". Puedes encontrar muchas razones para volver a llamar pero aquí hay siete que, definitivamente, deberías usar.

Razón N°1 para volver a contactar: Actualizarlas sobre tu negocio.

Cada vez que cumplas con un gran hito, es una gran razón para contactar. Incluso si tú lo percibes como un pequeño hito, en tanto represente un progreso, se puede hablar de él como un gran hito. Cuando recuperas tu inversión con tu primer cheque, vuelve a contactar a las personas con las que ya has hablado. "Ya sé que hablamos apenas inicié mi negocio y no era un buen momento para ti. Pero quería contarte lo que me sucedió en solo un mes. Ya recuperé mi inversión, o sea que, de ahora en adelante, todo lo que gane me ayudará a ahorrar para la universidad de mis hijos/ ir de vacaciones/ anticipo para una casa. Creo que deberías considerar nuestro negocio. Podría ser para ti un modo de (incluir lo que hay para ellos basado en tu conversación previa)".

O puede ser cuando seas promovida a un título más alto o ganes incentivos de la compañía. "Quería contarte algo nuevo de mi negocio, porque aquí estoy viendo mucho movimiento. Desde que hablamos, fui promovida tres veces, lo que significa que mis ganancias han seguido creciendo y que me gané un viaje gratis a la Región de Vinos, para un lujoso descanso y relax. Quizá quieras echar una nueva mirada a esto. Estoy segura de que sería placentero ayudarte a ganar un dinero extra y obtener ventajas como estas".

Cuando la gente de tu equipo tenga éxito, eso provee otra razón convincente. "Tuve que llamarte otra vez porque no solo yo estoy teniendo mucho éxito, sino que estoy ayudando a otros a alcanzar grandes hitos en sus negocios. Mi socia en el negocio acaba de recibir una promoción y un bono y está creando su negocio mientras atiende a sus dos hijos y trabaja en su demandante carrera de enfermera. Ya está en camino de poder disminuir sus horas de trabajo. Me parece que deberías mirar esto de nuevo porque podrías tener la misma clase de éxito".

Cuando nuestros primeros intentos de hablar acerca de nuestro negocio van de malos a terribles, ¿quién puede condenarnos por no querer volver a la misma persona e intentar otra vez? Pero, debemos. Los números nos dicen eso. Y una novedad en tu negocio, es la perfecta razón para hacerlo.

Volví a contactar a un cierto número de personas con las cuales no había sido, digamos, elocuente al comienzo. Mi enfoque, cuando volví a llamar, fue uno completamente honesto. "¿Recuerdas cuando hablamos de mi nuevo negocio hace un mes? Quiero ser honesta contigo. Todo era muy nuevo para mí y no creo haber hecho un buen trabajo hablándote de mi nueva ocupación. Quizá hasta te confundí. Pero ahora que le tomé la mano al negocio y estoy viendo cómo crece, me gustaría repetir la conversación de modo que realmente comprendas lo que estamos haciendo y cómo lo hacemos. Quizá esto no sea realmente algo adecuado para ti, pero al menos lo sabremos con seguridad. Esta vez no será porque no lo expliqué bien sino porque no quieres tener un negocio lateral que te traiga un ingreso extra".

Cada persona que volví a llamar con este enfoque, aceptó hacer todo de nuevo. Porque tenía más confianza y tenía una postura más poderosa, tuve en todos los casos buenas conversaciones que me llevaron a clientes, a recomendaciones y a algunas nuevas integrantes del equipo. Y tuvimos algunas grandes risas acerca de lo mal que había hecho todo al comienzo.

Razón N° 2 para volver a contactar: Lanzamiento de nuevos productos.

Esta razón no hay que pensarla mucho. El lanzamiento de un nuevo producto provee la oportunidad perfecta para volver a llamar a cualquiera que ya hayas llamado y que jamás haya dicho que "Sí" al negocio. Y cuando digo cualquiera, quiero decir eso. Estoy hablando de las personas atascadas en tu embudo, a las fuentes de recomendaciones, a tus clientes, a personas que dijeron que "No" (y ya que eres muy entrenable, lo escuchaste como un "No todavía") y personas que no dijeron nada.

Tal vez mencionaron previamente que estarían interesadas en algo semejante a lo que estás lanzando. "La última vez que hablamos, dijiste que más adelante estarías interesada en una alternativa a obtener inyecciones de relleno (o ayuda para perder peso que sea libre de gluten.) No veía la hora de contarte—¡tengo el producto para ti!".

Si no te han dicho explícitamente que estarían interesadas en determinado producto, sabes que el ofrecimiento debería basarse en lo que sabes de ellas. Cuando las vuelves a llamar, puedes comenzar con el QUEAPE. "El último par de veces que te vi en el gimnasio, te quejaste de estar muy cansada. Así que vuelvo a llamarte porque justo lanzamos una nueva fórmula que ha sido clínicamente probada y que aumenta la energía. Pienso que quizá querrías echarle un vistazo".

Los lanzamientos de nuevos productos también proveen una excelente oportunidad para renovar las conversaciones acerca del negocio. Porque cada nuevo producto ofrece la posibilidad de captar una nueva cuota del mercado. "Yo sé que dijiste que mi negocio no era apto para ti, pero vuelvo a llamarte porque justo lanzamos un producto que nos ayudará a captar una mayor parte del multi-billonario mercado de productos anti-envejecimiento (o cualquiera sea el mercado que tu compañía abastece). Desde la última vez que hablamos, ¿has encontrado otro modo de pagar el colegio privado de tu hijo? Quizá quieras mirar otra vez esto que estoy haciendo. Estoy segura de que conoces un montón de personas que querrían nuestro producto. Así es que, ¿por qué no te los comprarían a ti?". Este mismo enfoque sirve para tus actuales clientes. Ya que de todos modos querrás hablarles de tu nuevo producto, podría también describir la ventaja de negocio que el nuevo producto les ofrece.

Razón N°3 para volver a contactar: Un evento en su ciudad.

Por supuesto, querrás aprovechar los eventos en la zona de tus contactos para volver a encender la llamita de una conversación. De hecho, entreno a nuestro equipo a usar la lista de los eventos de nuestra compañía que nuestro equipo corporativo nos provee en la newsletter o boletín semanal de noticias, como una motivadora de la memoria y un recordatorio para volver a llamar.

Un evento local provee una razón orgánica para volver a llamar y contactar a alguien otra vez. "Ya sé que la última vez que hablamos, mi negocio no te convenía. Pero ahora te llamo otra vez para ver si no te gustaría retomar la conversación. Hay un evento informal programado para tu zona la semana que viene y, si decides que quieres echar una nueva mirada a esto, será una gran oportunidad". Si la respuesta sigue siendo "No", un evento local es la perfecta introducción para pedir recomendaciones. "Comprendo totalmente que esto no sea para ti, pero ya que nos estamos expandiendo en tu mercado, tu red local va a oír acerca de nosotros. Si no lo pueden hacer a través de ti, me gustaría entonces informarles yo misma acerca de nosotros y nuestros productos. ¿Tienes algunos minutos más para que te diga qué tipo de personas estoy buscando exactamente y quién en tu red de conocidos debería conocernos?".

Razón N°4 para volver a contactar: Buenas noticias o cobertura mediática sobre tu compañía.

Cuando tu compañía recibe premios o cobertura en los medios, ya sea para tus productos y servicios o tu negocio, es una gran razón para volver a llamar a las personas que ya has llamado antes. "Hola, Maura, soy Romi. Ya sé que hemos hablado antes de mi negocio y que no era apto para ti, pero pensé que quizá quisieras echarle una nueva mirada. En la revista Smart Business (Negocios Inteligentes) acaban de publicar un reportaje a nuestra Directora General en el que explica cómo nuestro negocio está ayudando a los demás a crear sus propias microempresas. Este es otro ejemplo de cómo los medios periodísticos dedicados a los negocios están hablando del nuevo modo de vender productos y como gente como tú y yo se puede beneficiar. Es posible que esto aún no sea apto para ti, pero aun si no lo es, me encantaría conectarme con las personas de tus redes que puedan desear comenzar un negocio inteligente propio en sus horas libres. ¿Quisieras mirar esto en más detalle y escuchar lo que he podido hacer desde la última vez que hablamos?".

Razón N° 5 para volver a contactar: Ser una persona que da para recibir.

Uno de los libros más útiles sobre actividades en redes que jamás haya leído es *Dar para recibir*, de Bob Burg y John David Mann. Los que dan para recibir no cultivan relaciones en un solo sentido, mirando a los demás solo como personas de las que pueden obtener algo. En cambio, los que dan para recibir dan a las personas siendo útiles, conectándolas con otras, estando genuinamente interesadas en los demás, y cantando loas a los demás. Se trata de cómo puedes servir. Es el simple, dorado principio de la vida que enseño a nuestro equipo y a nuestros hijos—aquello que das al mundo, es lo que el mundo te devuelve. Da a los demás y los demás te darán a ti.

> **Se trata de cómo puedes servir.**

Para ser una buena dadora a las personas en tu red, debes saber cómo son ellas y anotar con cuidado lo que aprendes. Es por eso que, además de descubrir los puntos de dolor de una persona y cómo tu negocio puede eliminar ese sufrimiento, deberás hacerles preguntas y escuchar. De modo que puedas descubrir y recordar qué es lo que les interesa y enviarles cosas que les gustaría recibir.

Cuando recojo datos de contacto de alguien (los llamados "dígitos"), quizá en un avión o junto a una piscina de natación, cuando nos separamos escribo inmediatamente notas acerca de ellos, ya sea en su tarjeta comercial o en el campo de notas en su entrada como contacto, o en una libretita que llevo conmigo a todas partes. Más tarde, entro la información en la planilla que tengo con todos mis contactos, donde hay una columna dedicada a los detalles sobre ellos.

Anoto cosas tales como que me han dicho que está buscando una niñera muy confiable. O tal vez que están por mudarse a otra ciudad y resulta que allí yo conozco gente que les puedo presentar. Quizá solo escribo lo que hacen como trabajo y, entonces, cada vez que me aparece algo que pudiera interesarles, los llamo y se los ofrezco.

Aquí hay algunos ejemplos de la vida real tomados de mi negocio. Hablé con una enfermera de California del Norte a la que conocí cuando estaba esquiando en Lake Tahoe. No estaba interesada en nuestro negocio porque estaba tan ocupada que sentía que no tenía tiempo ni para una ducha todos los días. Nos reímos y prometimos mantenernos en contacto.

Tres meses después, leí un artículo interesantísimo acerca de enfermería y cuidados de salud, y citaba a expertos de salud y practicantes en su zona. Le envíe ese artículo y le dije: "Este artículo me hizo pensar en ti y pensé que lo encontrarías interesante. Es posible que incluso conozcas a algunas de las personas que cita. Me divierte mantenerme en contacto contigo a través de Facebook; ¡parece que la fiesta de tu hijo fue espectacular! ¡Feliz primavera!"

Y eso llevó a: "Guau, Romi, ¡muchas gracias por pensar en mi!". Luego comenzamos a conversar un poco acerca de las fiestas de cumpleaños y después, la conversación viró a si ella estaba aún tan ocupada. Admitió que mi negocio le resultaba muy atractivo pero que no se imaginaba dedicándole tiempo a un trabajo paralelo al suyo. Esto llevó, sin embargo, a permitirme pedirle recomendaciones, que alegremente me proveyó y a una discusión sobre cómo su piel sensible había empeorado a causa del estrés. Por supuesto, me hizo muy feliz iniciarla en nuestros productos, conseguir una clienta fiel y un cartel de propaganda ambulante.

Aquí hay otro ejemplo. Durante un largo tiempo, había estado tratando de conseguir recomendaciones a través de la dueña de un pequeño negocio, pero ella no me conectaba con nadie de su red. Conoce toneladas de personas en todos los Estados Unidos y la gente la respeta. Su negocio me gusta genuinamente, o sea que era sincera cuando en las redes sociales, yo le hacía propaganda y la conectaba con sus potenciales clientes o socios estratégicos para su negocio. Incluso, la ayudé a encontrar una empleada temporaria para la venta estacional.

Ella vio que yo estaba genuinamente interesada en su éxito y tenía razón. Me hace feliz ayudar a otros emprendedores y a otras mujeres. Así es que comenzó a ofrecerme negocios, incluso sin que yo se lo pidiese. Gané unos cuantos clientes y una socia en el negocio. Y las dos tenemos el cálido fulgor que nos llega cuando sabes que ayudas y continúas ayudando a crecer a una colega emprendedora.

Razón N° 6 para volver a contactar: Embarazada, nuevo bebé o niños que comienzan la escuela.

Una de las razones por las cuales muchas mujeres quieren crear su propio negocio llave en mano, es para crear eventualmente la libertad de estar más tiempo con sus hijos. Por lo tanto, descubrí que aunque a veces las personas han dicho "No", a veces ven el QUEAPE de un modo distinto una vez que están embarazadas o tienen un nuevo bebé que deben dejar en casa mientras van a trabajar.

> A veces ven el QUEAPE de un modo distinto una vez que están embarazadas o tienen un nuevo bebé.

Cuando una amiga que trabaja

anuncia que está embarazada, además de estar genuinamente entusiasmada e interesada y proveyéndole algunos artículos interesantes o recursos útiles, siempre le pregunto cuánto tiempo piensa tomarse después que nazca el bebé. Esto, inevitablemente, lleva a una conversación en la que ella: a) se lamenta por no tener suficiente tiempo antes de volver al trabajo, o b) está emocionada por tener tres meses y no quiere siquiera pensar cómo se las va a arreglar cuando tenga que volver al trabajo. Esta conversación me permite sugerirle que quizá quiera considerar otra vez lo que yo hago. "Sabes, entre ahora y el momento en que el bebé nazca, podrías crear un comienzo significativo en un negocio lucrativo que, más adelante, te daría más opciones. Una vida profesional que encaje con tu bebé, y no al revés".

En lo que me gusta llamar como "La exploración post-parto", cada vez que una de mis amigas que trabaja tiene un bebé, lo anoto en mi agenda para volver a llamarla cuatro meses después del parto. Sé lo difícil que es dejar a tu bebé en casa y volver a trabajar afuera después de tu licencia de maternidad. Te retuerce las tripas. Recuerdo el primer día que tuve que ir a trabajar después que Nate nació y lloré todo el camino hacia el trabajo, y luego, durante el almuerzo, y más tarde, cuando lo tuve otra vez en mis brazos.

Así que, por supuesto, me mantengo en contacto con mi amiga antes de que su licencia de maternidad termine, para ser una persona que da para recibir: ofreciendo consejos, ayuda para la falta de sueño y sincero aprecio por el interminable flujo de fotos que describen cada nueva acción del bebé. Pero, he encontrado que después del primer mes que está de vuelta en el trabajo, muy posiblemente quiera hablar acerca de cómo podría quedarse en casa todo el tiempo y ya está otra vez suficientemente dentro del ritmo de la nueva vida como para considerar agregar una cosa más a sus actividades. Este enfoque me ha llevado a agregar cantidades de nuevas o futuras mamás a nuestro equipo.

Razón N°7 para volver a contactar: Cuando alguien igual a ellas triunfa.

Creo que esta es la más fácil de usar. Debes volver a la gente en tu embudo cuando alguien como ellas hace algo digno de mención. Cuando alguien exactamente como ellas, se une a tu equipo: "Hola, Lisa, soy Romi, y estaba justo pensando en ti porque una maestra se unió anoche a nuestro equipo. Mi nueva socia en el negocio Mary está encantada de que la ayude a construir su propio negocio para equiparar o superar su salario como maestra de modo que pueda pasar más tiempo con sus chicos. No pude evitar preguntarme si querías considerar de nuevo nuestro negocio, ya que sé que te gustaría dejar todas las clases que das como tutora durante el verano".

> Debes volver a la gente en tu embudo cuando alguien como ellas hace algo digno de mención.

También vuelve a llamar cuando alguien como ellas es promovida o gana incentivos. Tienes que creer que, cada vez que una profesional del negocio inmobiliario gana un auto gratis o viaje de lujo en nuestra compañía, vuelvo a contactar a cada persona que conozco en el negocio inmobiliario. Lo mismo para cualquier otro grupo demográfico. "Una agente inmobiliaria con la que trabajo está celebrando un gran éxito en nuestro negocio, y me hizo pensar en ti. Acaba de ganarse un auto gratis y un viaje a Maui, y está encantada con los beneficios que no obtiene en su empleo de día completo. Pensé que quizá quieras considerar de nuevo lo que hacemos. Si los beneficios no te entusiasman, quizá agregar un flujo de ingresos protegido de las alzas y bajas del mercado inmobiliario, lo haga".

Otra razón convincente es cuando una persona como ellas se retira de su empleo de tiempo completo a causa de sus ingresos en el trabajo lateral. "Tammy, tenía que llamarte porque hay una contadora con la que trabajo que se ha retirado de la firma donde trabajaba porque su negocio lateral creció muchísimo. ¡Está totalmente entusiasmada con no tener que hacer una nueva temporada de declaraciones de impuestos! Pensé que quizás quisieras considerar de nuevo lo que estamos haciendo".

Así que aquí van algunas tareas.

Comienza a actuar

Cada día durante los próximos seis días, elige una de las razones que hemos cubierto y piensa a quién puedes volver a conectar usando esa razón como un anzuelo. Apunta a llamar al menos a tres personas por cada razón. Incorpora este ejercicio en tus actividades semanales, incluso haciendo que un día de la semana sea el "Día de volver a contactar". Te entrenarás a ti misma en el buscar constantemente razones y harás de esto una parte rutinaria de tu negocio.

Simplemente, haz el seguimiento. Si no lo haces, estarás perdiéndote ganar dinero e impidiéndote a ti misma la creación de un negocio que te traiga libertad. Así que mantén tu fuego y continúa incansablemente con tus seguimientos; te dejo con este pensamiento. ¿Cuán enojada estarás si llamaste cuatro veces a una persona pero fue otra constructora de negocio la que hizo el quinto contacto (cuando era el momento adecuado para tu candidata) y tu candidata se une al equipo de esa persona o se convierte en su cliente? Debería haber sido tuya. Asegúrate de que lo sea.

Capítulo 10

La clave de la duplicación

Hacer crecer un equipo exitoso y un ingreso lucrativo requiere la duplicación. Esto significa agregar clientes y socios en el negocio, que a su vez agreguen clientes y socios en el negocio. La pregunta del millón de dólares que oigo todo el tiempo es, entonces, ¿cómo hacemos para duplicar?

Es más sencillo de lo que piensas. Y cuanto más complicado lo hagas, más lento crecerás. Así es que hablemos acerca de cómo mantener esto simple y multiplicarnos, como le digo afectuosamente a nuestro equipo, como conejitos enamorados.

Esto comienza contigo.

La única parte de este negocio sobre la que tenemos un total control, es nuestra actividad. Ahora bien, si eres una despiadada controladora como yo (lo hago sinceramente; deberías conocer a mi madre), esta falta de control en nuestro negocio puede llegar a ser muy frustrante. Por lo tanto, si resulta que eres un poquito controladora, te animo a superarlo tal como hice yo y a hacerlo ya mismo. Porque la duplicación y, de última, tu éxito, en este negocio comienza con nosotras.

Quiero que te hagas una pregunta muy simple pero importante: Si todos en tu equipo hicieran exactamente lo que tú haces actualmente cada día, cada semana y cada mes, ¿cuán grande sería tu negocio?

Cada vez que te sientas frustrada porque tu negocio no crece, hazte esta pregunta.

Todavía me hago esta misma pregunta. Cada vez que noto que el crecimiento de nuestro equipo no es tan veloz o pronunciado como me gustaría, primero considero lo que yo, personalmente, estoy haciendo.

Aquí está la breve lista de lo que deberías estar haciendo para comenzar el proceso de duplicación:

* Agregar gente a tu lista constantemente

* Contactar y volver a contactar a las personas de tu lista

* Invitar a las personas interesadas en el negocio a tener llamadas de tres personas o ir a eventos y, si son aptas, agregarlas a tu equipo

* Agregar a todos aquellos no interesados en el negocio como clientes y pedirles recomendaciones

* Recibir tu paga

Si haces todas estas cosas todo el tiempo, enseñarás a tu equipo cómo hacer lo mismo simplemente duplicando tu conducta. Hay una más que es realmente importante:

* Divertirte

Aprendí que las personas finalmente se van a integrar a tu equipo por ti y tu energía. Una de las cosas que atrae a la gente hacia nosotros, no es la potencial ganancia financiera, sino la ganancia emocional. Sí, la satisfacción de crear algo propio, pero también tener en sus vidas algo que sea diferente, una nueva aventura que pueda resultarles una salida placentera. Así que asegúrate de divertirte porque, si no lo haces, ellas se darán cuenta.

He aquí una cosa interesante acerca de la actividad personal que mi amada socia en el negocio Bridget descubrió al procesar la información de su equipo. Tu gente hará, en promedio, la mitad de lo que tú haces. Y esos son los "corredores". Miré los números de nuestro equipo a lo largo de los años y sí, absolutamente, ella está totalmente en lo cierto. Llamo a esto la "Regla de la mitad". Por supuesto, hay excepciones a esta regla, personas atípicas que pueden hacer tanto o más que una líder de equipo altamente productiva. Pero son raras. No tan raras como un unicornio, pero algo parecido. Por lo tanto, piensa que la Regla de la mitad se aplica a ti.

Supongamos entonces que tú estás haciendo el estricto mínimo para ganarte un cheque. La Regla de la mitad dice que tu gente hará la mitad de eso. Lo que es bastante patético.

> **Para construir en grande, debes empeñarte hoy mismo en ser la más productiva de tu equipo.**

Es por eso que, para construir en grande, debes empeñarte hoy mismo en ser la más productiva de tu equipo. Luego comprométete a superarte cada mes. Para mostrar a tu equipo cómo se hacen las cosas.

Eso es lo que yo hice. Desde muy temprano. Reconocí que no podía pedir a mi equipo nada que yo no estuviese dispuesta a hacer. Hablé consistentemente con la gente y, todos y cada uno de los meses, agregué clientes y socias en el negocio. Mi volumen personal fue aumentando cada vez más. Tuve que fijar el ritmo y luego ver quién podía seguirlo. Esas eran aquellas de quienes me ocuparía.

Las integrantes del equipo me vienen todos los días con alguna variante de esta frustración: "Estoy haciendo todas las cosas que nos has entrenado a hacer, pero no pasa nada. Mi equipo no está duplicando. No están contactando gente; no me están trayendo llamadas de tres personas".

Aquí está lo que les digo. Si alguien no está contactando gente y haciendo llamadas, tienes que averiguar por qué y realmente tener en tu corazón un verdadero interés por ellas. La conversación debería ser más o menos como esta: "Lisa, recuerdo que me habías dicho que quieres desesperadamente dejar de enseñar porque estás tan cansada de los despidos y porque te gustaría pasar más tiempo con tus hijos que con los hijos de otros. Como ya conversamos, este es un gran vehículo para que puedas hacer eso. Pero, querida, las cosas no van a caer del cielo. Esto te requiere que salgas de tu zona de confort y hagas realmente esas llamadas. Así que hablemos acerca de por qué no lo estás haciendo. ¿Es porque te resulta muy difícil encontrar el tiempo dentro de tus horarios? ¿Es porque aún estás realmente insegura acerca de lo que debes decir? ¿Es porque no estás segura de estar en el negocio correcto? Seamos realistas. Puedes ser totalmente honesta conmigo. Así es cómo puedo ayudarte".

Agregarás miembros al equipo, o quizá ya lo has hecho, que finalmente no quieren hacer el consistente trabajo pesado requerido para construir esto. Está bien. Porque si ya has hecho lo que se supone que debes hacer, como su socia en el negocio en la línea superior, para hacerlas comenzar firmemente y les has enseñado todas las cosas que se supone deben estar haciendo, entonces has hecho tu trabajo. Ten una conversación verdadera con ellas acerca de lo que realmente quieren hacer con esto y hazles saber que no están alcanzando tu esfuerzo (o siquiera la mitad), y que el resto, entonces, depende de ellas.

Podemos enseñar. Podemos entrenar. Podemos inspirar. Podemos colaborar. Podemos reír. Podemos divertirnos juntas. Podemos soñar. Podemos planificar. Pero no podemos motivar. Eso tiene que venir de adentro de cada una de nosotras.

Por supuesto, debemos a nuestras nuevas socias en el negocio el trabajar codo a codo con ellas para enseñarles las destrezas básicas y el sistema, de modo que puedan duplicar. Mientras estén presentes, trabajando e igualando nuestros esfuerzos, las ayudaremos a tener un firme inicio. Después de aprender lo básico, el mejor modo de enseñar a nuestra gente cómo crecer, es a través de las llamadas de tres personas con ellas y sus candidatas y ayudándolas en sus estrategias, mientras comienzan a construir su equipo. Pero esto requiere que se comprometan con APIs consistentes—hablar con la gente para encontrar aquellas lo suficientemente interesadas para querer saber más. Si la integrante de un equipo no está haciendo eso, no hay nada que podamos hacer por ellas.

¿Quieres un negocio grande, exitoso y creciendo exponencialmente? Entonces, sigue agregando gente a tu lista, conectándote, usando las llamadas de tres personas y los eventos y haciéndolos pasar a través de tu embudo para que se decidan, enrolando a nuevas socias en el negocio, agregando clientes y recibiendo tu paga. Sigue haciendo esto y crecerás y crecerás, y compartirás tu éxito y experiencias con tu equipo, lo que les mostrará cómo hacer lo mismo. Si te diviertes, sigue haciendo todo eso una y otra vez—lava, enjuaga y repite—y entonces encontrarás las personas están auto-motivadas, que ven lo que tú ves y están dispuestas a salir de su zona de confort y hacer el trabajo pesado que requieren todas esas cosas. Entonces ellas encontrarán personas motivadas y que quieran también construir. Es así cómo se duplica.

Es posible que algunas de ustedes por allí afuera estén pensando: "¿Eso es todo? ¿Realmente?". Sí, así es. Así que adelante, a multiplicarse como conejitos enamorados. Todo comienza contigo.

Capítulo 11

Las falsedades que nos decimos a nosotras mismas

A esta altura, espero que ya tengas una idea clara de cómo tratar las objeciones de las candidatas. Pero hay otras objeciones que pueden ser más difíciles de superar. Porque son las que te haces a ti misma y las que te impiden construir el gran negocio que te dé libertad.

Existen millones de diferentes razones que puedes encontrar para decirte que esto no funcionará para ti. O por qué no lograrás un crecimiento verdaderamente grande. Quiero explorar las excusas más comunes que tú y las integrantes de tu equipo pueden estar dándose para explicar por qué no están haciendo crecer el negocio que dicen querer hacer crecer. Voy a llamar falsedad a cada una de ellas. Y también te mostraré lo que hay de verdad detrás de esas excusas y cómo puedes dejarlas atrás y avanzar hacia el real y excitante trabajo de esta vida—convertirte en la persona que estás destinada a ser.

No tengo tiempo para esto.

Abordemos primero la más frecuente falsedad en nuestra profesión. Puedes estar diciendo: "No soy capaz de hacer esto de modo consistente porque no tengo tiempo". Pero, seamos honestas. Lo que estás diciendo en realidad es: "No he hecho de esto una prioridad". Hasta que este negocio no sea una prioridad, tendrás problemas acerca de cómo organizar tu tiempo y te será fácil evitar trabajar en tu negocio.

Encontramos tiempo para todo lo que es importante para nosotras. Piensa acerca de esto. La vacación que no creías podrías hacer caber en tus fechas por la montaña de trabajo que tenías que hacer. Ir al partido de fútbol de tu hijo, aun si eso significaba cambiar el horario de otras cuatro citas. Quedarte levantada para ver *Game of Thrones*, aun si eso quería decir que no dormirías tus siete horas. Una cita en la peluquería incrustada en un día colmado de actividades para poder lucir perfecta en una fiesta a la noche. Cualquiera fuese la inconveniencia o consecuencia dolorosa que sucediesen por hacer esas cosas, se compensaba por tu deseo de hacerlas.

La próxima vez que te encuentres diciendo "No tengo tiempo", trata en vez de decir "No es una prioridad" y fíjate cómo te sientes. "Hoy no tengo tiempo para llamar a tres personas nuevas" se transforma en "Para mí no es una prioridad llamar hoy a tres personas nuevas". Y, si no es una prioridad, está totalmente genial. Este es tu negocio y esta es tu vida. Pero no te engañes a ti misma o a tus socias en el negocio, con eso de que quieres construir un gran negocio, cuando ni siquiera estás dispuesta a hacer de él una prioridad.

> La próxima vez que te encuentres diciendo "No tengo tiempo", trata en vez de decir, "No es una prioridad" y fíjate cómo te sientes.

Recuerda que exploramos a fondo en el Capítulo 2 que, claramente, tu PORQUÉ tiene que ser lo suficientemente grande como para compensar cualquier inconveniencia o dolor que ocurran mientras construyes este negocio. Quizá tu PORQUÉ es lo suficientemente grande y estás encontrando el tiempo para tu negocio, pero te parece que tu negocio simplemente no está creciendo. Esto podría ser porque estás usando tu tiempo en el lugar equivocado.

La primera cosa para la que tienes que tener tiempo, es para buscar tus candidatas personales. Ya hemos hablado acerca de la verdad esencial que la mayor parte de tu tiempo—al menos un 80%--debe estar dedicada a tu reclutamiento personal y a entrenar a tus nuevas socias. También has aprendido que primero debes pagarte a ti, haciendo primero tu trabajo de búsqueda de candidatas y reclutamiento de modo que, no importa qué otra cosa suceda durante tus horarios, te has ocupado de lo que puedes controlar personalmente. Esto asegura que tengas un flujo interminable de personas considerando tu negocio, uniéndose a él y haciendo crecer un negocio de ellas.

Pero, puedes argumentar que, con el resto de las otras responsabilidades del equipo, no llegas a tiempo. Déjame ser bien clara: la primera responsabilidad que tienes en relación a tu equipo es marcar el ritmo y el modelo de duplicación que tu equipo debe seguir.

Intelectualmente, creo que esto tiene sentido para ti y para miles y miles de personas como tú. Entonces, ¿por qué no tienes suficiente tiempo como para contactar y llamar a la gente?

Porque es difícil. Y como humanas, haremos cualquier cosa y todo lo posible para evitar lo que es difícil. Pero, este es el tema: la parte difícil es la más importante. Créeme, no soy inmune a esto. De hecho, me sucede todo el tiempo. Como cuando estoy escribiendo este capítulo.

> Entonces, ¿por qué no tienes suficiente tiempo como para contactar y llamar a la gente? Porque es difícil. Y como humanas, haremos cualquier cosa y todo lo posible para evitar lo que es difícil. Pero, este es el tema: la parte difícil es la más importante.

En la última hora, en vez de enfocarme exclusivamente en llevar a mis pensamientos sobre las falsedades desde mi cabeza a la punta de los dedos y a la página, hice lo siguiente:

1) Controlé los mensajes directos de Facebook y envié dos

2) Miré mis correos y respondí a tres

3) Envié un correo recordatorio a mi invitada de esta semana para la llamada de entrenamiento en el equipo

4) Hice una cita en la peluquería (porque recordé que debía hacerlo cuando escribí más arriba peluquería)

5) Me levanté para pedir un té helado (una chica no puede escribir si tiene sed)

6) Actualicé mi lista del supermercado

7) Miré para ver quien había enviado un RSVP para nuestra fiesta del verano

8) Fui al baño (demasiado té helado)

¿Por qué hice todo esto cuando había especialmente apartado dos horas de utilísimo tiempo de escritura para mí? ¿Por qué, aun cuando me había refugiado en un Starbucks, sin hijos, perro, obligaciones domésticas y sin nadie que me distrajese, no usé esas dos horas y terminé este capítulo? Porque escribir es difícil.

Pero, espera, fui a la escuela de periodismo, fui una abogada, fui una ejecutiva de Relaciones Públicas. Escribir es lo que he hecho para ganarme la vida. "Pero esto es diferente", dice la vocecita en mi cabeza. "Esta eres TÚ exponiéndose. Y puede salir horrible y no ayudar a nadie, y todos descubrirán que no tienes la más maldita idea de lo que estás hablando". En otras palabras, escribir este libro me hace vulnerable. Mi tierna barriguita está expuesta para que el mundo hunda su dedo en ella.

Para ser perfectamente honesta, este libro en su totalidad hubiera sido escrito y enviado a la editorial hace meses, si no fuese tan espantosamente difícil exponerme y tan espantosamente fácil evitar las partes difíciles.

Pero, basta de hablar de mí y volvamos a ti. Te apuesto mil dólares que estás haciendo todas las demás cosas de tu negocio antes que estar hablando a la gente sobre él. Todas las demás cosas que crees que son tan necesarias para el crecimiento de tu imperio que te están quitando tu tiempo disponible para hablar con la gente. Porque, cuando hablas a la gente de tu negocio y de tus sueños y esperanzas, te estás exponiendo. Abriendo. Siendo vulnerable. Te estás exponiendo a los rechazos. En otras palabras, es difícil.

Es tanto más fácil comunicarte y tener una "llamada de entrenamiento" con alguna de las integrantes de tu equipo para decirles las mismas cosas que ya les has dicho y que ya han escuchado en varias llamadas de entrenamiento. Es mucho más fácil llamar a la socia de rendición de cuentas y quejarte sobre la falta de algún producto en el stock. O llamar una vez más a una integrante del equipo para decirle que tiene que contactar y hablar a tres nuevas personas por día, porque aún no lo está haciendo. Pues bien, adivina qué, hermana, ¡tampoco lo estás haciendo tú!

Seamos clarísimas en lo que debes hacer para hacer crecer un negocio lucrativo:

* Contactar y hablar a las personas acerca de tu negocio y tus productos y encontrar a las que están buscando lo que tú tienes para ofrecer. Es en esto que debe ser usada la mayor parte de tu tiempo—al menos un 80%.

* Entrenar a las novatas en lo básico.

* Hacer llamadas de tres personas para tus nuevas socias y con tus otras socias en el negocio.

* Crear con tus "corredoras" las estrategias para que ellas ayuden a las que están trotando y corriendo en sus equipos.
* Reconocer y elogiar los logros.

Comienza a actuar

Durante la próxima semana, te desafío a hacer la lista de todas las cosas que pasas haciendo para tu negocio y el tiempo real que pasas haciéndolo. Creo que te sorprenderás al ver dónde está yéndose su tiempo y dónde no está yendo. Cuando lo veas, toma una lapicera con tinta roja y tacha todo lo que no caiga dentro de una de las categorías de más arriba. Finalmente, programa las cosas difíciles—tiempo dedicado a contactar a la gente y conversar con ellas acerca de tu negocio y productos.

Estoy hablando con la suficiente gente.

Digamos que estás encontrando el tiempo para hablar con la gente. ¡Fantástico! Ese es un comienzo. Pero, otra falsedad que nos decimos a nosotros mismas es que estamos hablando con la suficiente gente.

Estaba co-organizando una serie de entrenamientos para algunas de las promesas en nuestro equipo y mi socia directa en el negocio, Dorrit Karl, que es hoy una de las más importantes líderes de nuestro equipo, estaba participando. La clase fue desafiada a multiplicar por dos la cantidad de gente que contactaba en una semana. Dorrit aceptó el desafío y no pudo creer la agitación y la actividad que esto generó en su negocio en solo siete días.

Estaba organizando llamadas de tres personas a raíz de sus nuevos contactos y organizando nuevos seguimientos al volver a llamar a más personas que previamente habían dicho "No" o "No en este momento". ¡Agregó más socias en el negocio y clientes en esa semana que las que había añadido durante las cinco semanas anteriores sumadas! Después que informó su progreso durante la llamada en conferencia de la clase semanal, se le preguntó cuál había sido la diferencia durante esa semana. Dorrit entonces dijo algo que se ha vuelto legendario en nuestra compañía: "Yo no sabía que no estaba hablando con la suficiente gente hasta que empecé a hablar con la suficiente gente".

Predícalo.

Como muchas de ustedes, Dorrit se auto-engañaba en pensar que, de verdad, estaba hablando con bastante gente. En realidad, solo tenía unas pocas personas en su embudo. Pero se auto-convencía pensando que estaba realmente ocupada. "El ejercicio fue una cachetada", admitió. "Cambió para siempre el modo en que trabajo en mi negocio".

Dorrit comenzó a seguir un sistema diario de contactar que muchas de nosotras seguimos y que fue formulado por otra de nuestras integrantes del equipo en la cima de la cumbre de nuestra compañía, Marissa McDonough (es de Butte, una nativa como yo de Montana y una de las mujeres más geniales que conozco, así que tengo un cálido aprecio por ella). Se llama el "Método 5-3-2". Como todo lo que en este negocio funciona, es muy simple. Contacta a cinco personas nuevas por día, haz un seguimiento de tres personas en tu embudo y comunícate brevemente con dos de las integrantes de tu equipo, aunque sea enviándoles un rápido mensaje de texto para darles ánimo o un saludo en Facebook.

Esta actividad llevó a Dorrit no solo a comprometerse más con su negocio, también provocó su entusiasmo y su convicción de crecer. Se volvió más segura de sí misma, lo que la hizo más eficiente para encontrar candidatas y más magnética. No es una sorpresa que haya comenzado así a ver resultados consistentes. Fue haciendo su camino hasta ganar un auto gratis, viajes de lujo a Hawái y Londres para ella y Scott, su marido, y llegar a la cima de nuestra compañía. Las duplicaciones de su equipo y su cheque de pago siguen creciendo.

Entonces, si tú o una integrante de tu equipo no están creciendo o, peor aún, están retrocediendo, pregúntate (o pregúntale a la integrante de tu equipo):

* ¿Cuántas veces presentaste la oportunidad esta semana?

* ¿Cuántas llamadas de tres personas has hecho esta semana?

No puedes engañarte y falsear esos números. Esto es lo que yo sé después de haber hecho crecer un negocio de siete cifras: si no estás agregando socias en el negocio y clientes, lo más probable es que no estés hablando con la suficiente cantidad de gente. Entonces, asegúrate de estar realmente hablando con nueva gente. Cada. Maldito. Día. Es así cómo encuentras personas que quieran usar tus productos y que quieran saber más acerca del negocio. Lo que significa que estarás llevando a tu socia en la línea superior, llamadas de tres. Lo que significa que estarás agregando socias a tu negocio. Y es esto lo que le ofrecerás como modelo a todo tu equipo. Este negocio es un juego de números y no hay modo de trampear con los números.

> **Este negocio es un juego de números y no hay modo de trampear con los números.**

He reclutado suficiente gente.

Tal vez te has estado diciendo: "Oye, he estado trabajando el juego de números. Recluté 20 (o 30 o 40) personas y no estoy dónde debería estar (o dónde pensaba que debería estar)". Pensemos acerca de esto durante un minuto. Si sólo se tratase de reclutar ese pequeño número, ¿no estarías todo el tiempo oyendo acerca de enormes historias de éxito en este canal del negocio? No las oyes; entonces, ese número no debe ser suficiente.

Mi amigo Richard Bliss Brooke, que es una leyenda viva en nuestra profesión, estudió cuántas personas hacen falta para construir algo grande. Ha hablado con centenas y centenas de profesionales exitosos en las redes de mercadeo y esto es lo que descubrió que todos tenemos en común. Reclutamos al menos 100 personas en nuestros primeros dos años. Si tú estás en el tercer año de tu negocio y has reclutado menos de 50 personas y no estás dónde quieres estar, ahí tienes tu gran clave.

Te desafío a que te comprometas a traer al negocio 25 personas en los próximos seis meses. Y luego, 25 más en los seis meses siguientes. Eso sumaría 50 personas en un año. ¿Y qué si no llegas? Apuntas a la luna y aterrizas entre las estrellas. Estarás mucho más cerca de tu meta de lo que estás hoy. Entre toda esa nueva gente, habrás encontrado a aquellos que van a jugar en grande. Y tu cuenta bancaria va a estar definitivamente más feliz gracias a todos tus esfuerzos.

Soy entrenable, pero no pasa nada.

Estoy segura de que piensas que eres entrenable y quizá estás realmente tratando de ser entrenable. Pero si fueses 100% entrenable, estarías viendo el éxito. ¿Estás realmente hablando a las suficientes personas, iniciando las conversaciones con el negocio y recurriendo luego a los productos? ¿Te estás escondiendo detrás de los correos electrónicos y enviando textos a tu red o estás hablando por el maldito teléfono, tal como te hemos entrenado? ¿Eres consistente, conectándote con tu negocio todos los días? ¿Tienes fe en las llamadas de tres personas? ¿Está trabajando cada día en aquello que está entre tus orejas? Las respuestas a estas preguntas, cuando las respondes con honestidad, te dirán qué es lo que está mal.

OK, tal vez has sido entrenable, pero tu entrenamiento ha sido francamente malo. Esa no es tu culpa y siento que esto te haya sucedido. Ponte contenta de que has dado con este libro. Porque he visto una y otra vez que, cuando las personas siguen lo que he explicado en este libro, sus negocios crecen. Y se divierten mucho durante el proceso.

> **Si fueses 100% entrenable, estarías viendo el éxito.**

Tengo una corredora.

Esto es algo que me vuelve totalmente loca; es una falsedad muy común que nos decimos y que se entromete mal con nuestra cabeza y, finalmente, con nuestro negocio.

La escucho todo el tiempo. "¡Ay, Dios mío, tengo una corredora (o una superestrella, o inserta aquí el nombre que prefieras para describir a una integrante que va más rápido que el promedio)". Pero la realidad es que su "corredora" se ha quedado atascada en el mínimo volumen personal para recibir comisiones durante tres meses seguidos. OK, gente, esa no es una corredora ni una superestrella ni una estrella del rock. Es una aficionada que está haciendo lo mínimo requerido para ganar comisiones en un plan de pago. Eso es algo mediocre, en el mejor de los casos.

Una corredora es una que sigue el sistema al pie de la letra. Que se conecta con nuevas personas todo el tiempo, que trae múltiples llamadas de tres personas cada semana. Que agrega nuevas socias en el negocio cada mes y no se detiene. Eso es una corredora. Es alguien como Dorrit con las conversaciones. No sabes lo que es una corredora hasta que tengas una. Así que, hasta que encuentres una, solo confía en lo que te digo.

Debes hacer rutinariamente el inventario de lo que tienes para saber cuán lejos debes ir para alcanzar tus metas. Eso requiere que seas realista acerca de lo que verdaderamente tienes. Si te engañas a ti misma contándote que tienes corredoras, superestrellas y otras que están en llamas (o sea, las clientas solo interesadas en los precios mayoristas, las aficionadas y las que toman esto como un hobby), ralentizarás tus actividades. Y esto impedirá que encuentres allí afuera a las personas que correrán contigo.

Otra razón por la que caracterizamos mal o exageramos la actividad y compromiso de las integrantes de nuestro equipo, es porque hace más fácil justificar el tiempo que pasas entrenándolas en vez de hacer las cosas difíciles. Lo siento, pero una vez que dejes de hacer todo este "entrenamiento" (es decir, alegando, arrastrando, llevando), tendrás un montón más de tiempo para contactar a las personas con piel y encontrar a las que te sirven. Por lo tanto, sé realista contigo y con tu equipo. Deja de pavear. Haz las cosas difíciles y haz crecer tu riqueza.

Yo solo puedo vender productos.

Error. Esa es otra falsedad. El verdadero problema es que estás iniciando tus conversaciones con los productos y no hablando lo suficiente acerca del negocio. Recuerda, la gran parte del tiempo, comenzamos hablando del negocio y pasamos después a los productos. Existen dos razones por las cuales la gente no inicia la charla con el negocio. O bien te sientes insegura cuando hablas del negocio o, simplemente, no eres entrenable. Por lo tanto, si no comienzas con el negocio, pregúntate cuál de las dos se aplica a ti.

Pero aquí está la inescapable verdad: obtienes lo que pides. Si no hablas del negocio, nunca agregarás socias en el negocio.

> **Obtienes lo que pides. Si no hablas del negocio, nunca agregarás socias en el negocio**

Además, el flujo de la conversación no funcionará si comienzas por los productos. Si hablas a alguien de los productos y te dice que no quiere usar tus productos, cómo demonios quieres hacer la transición a "Bueno, entonces, ¿qué tal construir un negocio con estos productos que no te interesan?".

Existen innumerables historias en la compañía acerca de personas que agregaron clientes y jamás mencionaron el negocio. Y sin embargo, se inflaman cuando la clienta les dice que quieren unirse a otro equipo de constructoras. Mala suerte, muchacha, la otra constructora fue la que tuvo una conversación con ella acerca del negocio.

Si estás comenzando por los productos, muy posiblemente lo hagas porque te da seguridad. Es cómodo. Lo importante para averiguar es por qué te resulta poco cómodo comenzar hablando del negocio. Es en eso que deberías estar trabajando.

No necesito las llamadas de tres personas.

Ah, ¡esta es una falsedad de las ligas mayores! Las precisas, ya seas una nueva recién estrenada o una experimentada veterana de la profesión. Si no me crees, ve para atrás y relee el Capítulo 6.

No tengo la red correcta.

¡Otra estúpida falsedad! Estás prejuzgando. No tienes en realidad la menor idea de lo que alguien quiere o precisa o podría estar buscando hasta que conversas con ellos. No tienes idea acerca de quien hará crecer esta cosa. La gente me ha dicho que en un millón de años jamás se les hubiese ocurrido que yo estaría construyendo una red de mercadeo. Yo podría decirte lo mismo acerca de algunas de las más valiosas jugadoras de mi equipo.

¿Quién tiene la red correcta? Cualquiera con las suficientes agallas como para contactar a la gente que conocen y a la que le recomiendan y tener conversaciones con ellas. Más veces de las que no, cuando presentas esta excusa, lo que estás realmente diciendo es: "Soy demasiado cobarde como para contactar a las personas que realmente podrían funcionar rápidamente en esto y hacer una fortuna para ellos y para mí". Es posible que también estés diciendo y esto, realmente, me entristece: "No creo merecer un gran éxito".

No quiero ser ESA persona de quién la gente quiera huir.

¡Cielos! Yo tampoco quiero que tú seas ESA persona. De algún modo, en algún momento, te has puesto en la cabeza que llamar a la gente para hablarle de tu negocio y tus productos le molesta. Pero, ¿qué si supieses que la próxima persona a la que envíes un mensaje en Facebook para comenzar una conversación, está desesperada por ganar más dinero para salir de un matrimonio roto?

¿Y qué, si la próxima persona que encuentras en tu ciudad está viviendo en una casa de ensueño que no puede mantener más y está yendo al banco de comida para alimentar a sus hijas?

¿Y qué, si la próxima persona que llames está tratando de volver a tener una identidad que no sea la de esposa y madre y extraña los beneficios sociales, intelectuales y financieros de trabajar pero precisa flexibilidad?

Estas son historias REALES de nuestro equipo, y ellas hicieron crecer sus equipos al volumen necesario para ganar un auto y disfrutar de los ingresos que llegaron con él.

Para la gente adecuada, tú tienes un regalo. No decidas en lugar del otro si precisa ese regalo. Piensa lo suficientemente bien de ellos como para dejarlos decidir. Ya has aprendido que solo por ser humanos, están programados para decir "No". Por lo tanto, si te dicen que no, no lo tomes personalmente. Avanza hacia la próxima persona y recuerda volver a llamar para hacer el seguimiento de ese "No". Tenemos un montón de historias de éxito que dijeron que "No" primero, pero que querían decir: "No" en este momento.

No quiero trabajar de cita en cita porque no quiero ser agresiva.

Trabajar de cita en cita no es agresivo. Es profesional. Tu tiempo es valioso y también es el tiempo de tu candidata. Deja de dar vueltas y conduce eficientemente a tu candidata a través del proceso de descubrir si este sería un negocio apto para ella. Si no organizas citas, estarás cazando personas. Lo que decididamente te hará sentir agresiva y como una de "esas personas". Por lo tanto, ahórrate la pena, trata a los demás como quieres ser tratada y sé profesional.

Esto debería ser más fácil.

¿Por qué? Creo que estás confundiendo simple con fácil. Sí, nuestro negocio es increíblemente simple, pero esto no quiere decir que sea fácil. Dame algún ejemplo de cualquier otra iniciativa que valga la pena que sea fácil. El matrimonio, la paternidad, obtener un título avanzado, correr una maratón, ponerse y mantenerse en forma. ¿Es alguna de estas cosas fácil? No, requieren un duro trabajo. Y también valen tremendamente la pena.

> **Nuestro negocio es increíblemente simple, pero esto no quiere decir que sea fácil.**

Entonces, ¿por qué creerías que construir tu propio negocio de seis o siete cifras sería fácil? Es verdad que es más fácil construir este negocio que construir la infraestructura completa y todo lo que habitualmente conlleva construir un negocio propio desde la nada. Por cierto, mucho más fácil que eso. Pero no fácil.

Así que, deja de quejarte acerca de que no es fácil y, simplemente, trabaja más y de un modo más inteligente. Me gusta esta cita de Mark Cuban, un emprendedor, inversor, productor de películas, autor, estrella de la TV y filántropo, que sabe unas cuantas cosas acerca de cómo llegar a ser exitoso: "Trabaja como si hubiese alguien trabajando durante 24 horas por día para quitarte tu trabajo". En otras palabras, trabaja consistentemente y verás el éxito. No es complicado.

No tengo lo que hace falta para ser una líder.

Puede ser que te estés diciendo que las personas exitosas tienen talentos, experiencia y acceso a cosas que tú no tienes. El interminable flujo de historias de éxito en nuestro negocio, de personas con todos los tipos de antecedentes imaginables, prueba que esto también es pura falsedad.

Lo que te estás realmente diciendo a ti misma es que no crees que tengas lo que hace falta para conducir o que no mereces tener éxito. Si tienes dentro de ti estas creencias dañinas, no estás sola. Estas dudas pueden invadir a las personas y lo hacen, desde mujeres con carreras corporativas exitosas hasta mamás que se quedan en casa y que jamás trabajaron fuera. Es mucho más común de lo que jamás me hubiera imaginado.

Pero, igualmente, no puedo dejar de tratar esto como falsedad. Jason MacEndoo, un entrenador de fútbol americano universitario muy premiado, lo resume de excelente modo: "El liderazgo es acerca de la influencia—nada más, nada menos. Los líderes son los agentes del cambio que agregan valor a todos los que están alrededor de ellos y hacen un impacto positivo en su organización. Los buenos líderes inspiran a sus seguidores para que tengan confianza en ellos. Pero los grandes líderes inspiran a sus seguidores para que tengan confianza en sí mismos". [MacEndoo, J. (2013). "Do Hard Times Create Good Leaders?" Mountains & Minds Magazine.]

El liderazgo no es complicado. Cualquiera puede ser una líder en esta profesión mostrando a su equipo cómo construir. Haces eso al construir tu negocio. Haz lo que dices y da el ejemplo. Si estás dispuesta a hacer todo lo que se requiere para duplicar en este negocio, entonces inspirarás a las demás. Así, sin siquiera tratar de conducir, eso es exactamente lo que estarás haciendo. Se trata solo de tener confianza en nosotras mismas, creyendo que somos valiosas y actuando para alcanzar nuestras metas. Eso es lo que inspira a las demás.

Cometeré errores

OK, esta no es una falsedad. *Cometerás* errores. Fallarás. Pero la parte falsa de esto, es que de algún modo te estás diciendo que se supone que para ser exitosa no deberías cometer errores o que, de algún modo, hay otros humanos ungidos desde el nacimiento con la inmunidad de no embarrarla, no quedarse cortos o fracasar.

Este es el asunto. Ninguna de nosotras es inmune a fracasar, y gracias a Dios por eso. Porque aprendí como emprendedora, esposa, madre, hermana y humana que no podemos aprender a hacer nada realmente bien sin cometer errores. Un importantísimo hombre de negocios que me encanta, Sir Richard Branson, está lleno de perlas de sabiduría acerca de la importancia del fracaso. Cada vez que me he topado con este, reproduzco en mi mente sus sabias palabras a menudo citadas, Tweeteadas y publicadas: "El fracaso es simplemente indispensable para la experiencia del emprendedor" y "Nadie hace todo bien cada vez y, lo que nos define, es cómo aprendemos de nuestros errores".

Cuando meto la pata—y lo hago casi todos los días en algún aspecto de mi vida—hago un ejercicio que me lleva apenas unos pocos minutos y es de una gran ayuda. Te aliento a que lo pruebes. Detente y piensa acerca de lo que pasó, por qué pasó, y qué puedes aprender de eso. Luego, déjalo ir. Sé buena contigo. Este ejercicio me ha resultado invalorable no solo para ayudarme a no cometer el mismo error nuevamente sino para considerar otras perspectivas que me ayuden a ser una mejor humana, más feliz y más plena.

Cuando tú y las que trabajan contigo cometen errores, perdónalas y perdónate. Porque todas somos una obra en proceso. ¿No te entusiasma esto?

> Cuando tú y las que trabajan contigo cometen errores, perdónalas y perdónate. Porque todas somos una obra en proceso.

Allí donde vivo está saturado/este negocio no funciona en nuestra ciudad/no tengo a nadie cerca que me ayude.

Cuando oigo estas excusas completamente falsas, aúllo. Comencé mi negocio en la próspera ciudad de Bozeman, Montana, con una población de 39.000 personas. Era la primera consultora de mi compañía en el estado, así que no tenía ninguna ayuda local. Pero, comencé a hablar con gente y agregué a Nicole Cormany. Entonces fuimos un grupo de dos. Sumé a mi compatriota bozemanita Bridget Cavanaugh que tenía contactos en todo el país. En poco tiempo, éramos un grupo de diez. Y luego de 30. Y siguió creciendo exponencialmente a partir de allí. Estábamos viviendo en esta maravillosa pequeña aldea, haciendo crecer nuestros negocios no solo en Bozeman y a lo largo de Montana, sino en todo el país. California del Sur comenzó a crecer en grande gracias a Tracy Willard, una maestra de Bozeman que Nicole trajo a bordo, y que era originariamente de California del Sur. Spokane, en el estado de Washington, comenzó a explotar con tres futuras ganadoras de autos y sus equipos porque el marido de Nicole, Josh, había crecido junto a Amy Bird, que vivía allí. Los tentáculos de Bridget llegaron a Denver, Jackson Hole, Washington D.C. y Dallas, y esos equipos contactaron gente en todas partes del país.

Mientras que el equipo crecía a través de los años, fuimos, por supuesto, agregando equipos en grandes área metropolitanas del país y más tarde en Canadá y Australia. Pero hemos visto también grandes historias de éxito proviniendo de pequeñas ciudades. Jessica Zuroff, una de las más importantes líderes de nuestro equipo, tuvo un comienzo meteórico con su negocio que se mantuvo en marcha y ahora está en la cima de nuestra compañía. Y lo hizo desde Hebron, en Dakota del Norte, que tiene una población de 747 personas. ¡Trata de decir a Jessica que el tamaño importa!

> Una de las líderes más importantes de nuestro equipo vive en Hebron, en Dakota del Norte, con una población de 747 personas. ¡Trata de decir a Jessica que el tamaño importa!

Por otra parte, no pienses que porque tu mercado tiene toneladas de profesionales de marketing, ya sea en tu compañía o en otras compañías, esto va a afectar a tu negocio. Una cosa que nuestro equipo de Bozeman nos enseñó es que siempre hay mucho espacio para crecer, ya que todos tienen diferentes redes y diferentes esferas de influencia. Es por eso que en un momento hubo tres ganadoras de auto viviendo en el mismo barrio de Bozeman, con una cuarta viviendo una milla más lejos. Es por eso que hay cuatro integrantes de equipo enormemente exitosas que comenzaron en la misma escuela elemental en Amarillo, Texas.

Recuerdo haber ido a la primera convención de nuestra compañía—cuando hacía solo tres meses que yo estaba allí, muy inexperta—y caminar al encuentro del Vicepresidente de Ventas, el fallecido gran Chris Díaz, para presentarme. Le dije que iba a construir en Montana un negocio tan grande que un día iba a tener que venir desde la cálida Florida a la tundra helada de Montana para apoyar a mi equipo. Se río con una de sus profundas carcajadas que siempre terminaban con risitas en un tono agudo y dijo, con su acento cubano: "Estos negocios no crecen en grande en lugares como Montana".

Chris sabía exactamente lo que estaba haciendo. Inmediatamente reconoció que yo tenía hambre, que tenía mucho fuego adentro y que me gustaban los desafíos. Diciéndome esa falsedad, sabía que estaba arrojando nafta al fuego y haciéndome correr aún más rápido. Le respondí: "Mírame. Un día estarás montado arriba de un caballo".

Nunca pude llevar a Chris a Montana ni subirlo a ese caballo. Se enfermó de cáncer y falleció demasiado pronto, dejando atrás una hermosa familia y los miles de personas en nuestra profesión que había tocado. Pero nunca me olvidaré de lo que susurró en mi oído la noche en que recibí los dos premios mayores en la segunda convención de nuestra compañía, solo un año después. "Yo sabía que lo construirías. Supe que podías hacerlo. Supe que una mujer como tú, no busca excusas".

No quiero tampoco que tú creas en excusas. Tenemos muy poco tiempo aquí, Al final de nuestros días, ¿queremos mirar atrás y saber que fuimos valientes y audaces o queremos haber vivido una vida llena de excusas? Así como Chris fue bien conocido por enseñarnos a todas que: "Ustedes son excepcionales y destinadas a la grandeza", no dejes que las excusas impidan esto.

Todas esas historias que te estás contando en tu cabeza, son una completa pérdida de tiempo y energía. Solo son excusas. Cuando inventamos excusas como esas, en realidad solo estamos asustadas de no ser lo suficientemente buenas o de merecer un gran éxito. ¿Cuáles son las creencias sobre ti misma que te limitan? ¿De dónde vienen? ¿De fracasos pasados? ¿De lo que te decían cuando estabas creciendo? ¿De lo que dijo ayer una candidata cuando opinó que tu negocio era estúpido?

La verdad es que cada una de nosotras tiene dentro de sí todo para tener éxito. Pero, en este negocio, tienes que tener unas pocas otras cosas realmente importantes. Hambre. La voluntad de ser completamente entrenable y aprender a hacer esto. Consistencia. La aceptación de estar incómoda. Y la resistencia para seguir andando, a pesar de los "No" y las desilusiones.

> ¿Queremos mirar atrás y saber que fuimos valientes y audaces o queremos haber vivido una vida llena de excusas?

Es muy triste ver cómo algunos negocios fracasan antes de haber siquiera comenzado o ser bloqueados antes de transformarse en las grandes historias de éxito que podrían llegar a ser, por culpa de las excusas que nos damos a nosotras mismas. ¿Cuántas veces te has dicho que no puedes hacer lo que innumerables otras personas pueden hacer?

Cada vez que pones una excusa, pones otro bloque de cemento en las paredes que estás construyendo alrededor de ti. Con cada excusa, te estarás encerrando en una prisión de mediocridad de tu propia creación, condenándote a una vida que de verdad no quieres. Quedándote en esa caja podrás sentirte segura, pero, a medida que pase el tiempo, lo único que allí tendrás es un montón de remordimientos, de qué hubiera pasado si, vergüenza y soledad.

Lo que aprendí trabajando con miles de personas con los más disímiles antecedentes, destrezas y tipos de personalidad, es que podemos vencer a las voces negativas y reconocer las falsedades por lo que son—solo un montón de basura, Podemos tirar abajo los bloques de cemento, dejar que entre la luz y aumentar nuestras posibilidades. Podemos dejar de impedirnos nuestro propio camino y meternos en el negocio de construir nuestro futuro y entrar en nuestra grandeza.

CAPÍTULO 12

El karma es una porquería si tú lo eres

No podría escribir un libro acerca de cómo construir un negocio que pueda ofrecerte la vida de tus sueños, sin incluir un capítulo acerca de jugar limpiamente con los demás. Porque algunas personas no lo hacen. Jugar limpiamente, quiero decir. Hacen que esta increíblemente divertida y colaborativa profesión, casi un nirvana, se transforme en algo no tan divertido y nos hacen quedar a todas muy mal. No quiero que seas una de esas personas.

Por favor, entiende que esto de lo que estamos hablando, no intenta castigar o asustar a nadie. De hecho, estas clases de jueguitos sucios, al menos en mi experiencia, son la excepción y no la regla. Porque siempre me gusta dar a los demás el beneficio de la duda, prefiero suponer primero que esos lapsos de buen juicio ocurren porque esas personas no saben hacer algo mejor. Así que, entonces, hablemos acerca de lo básico, en cómo deberíamos tratarnos entre nosotras y en nuestro negocio para proteger a todas y, entonces, todas sabremos mejor cómo actuar.

Comencemos con la Regla de Oro que se encuentra en prácticamente todas las culturas y religiones humanas: Trata a los demás como quieres que los demás te traten. Esto no es solo un gran modo de vivir, debería ser el principio que te guíe en tu negocio. Si esto no es suficiente como para hacer que juegues de un modo limpio, ¿qué te parece el principio del karma? Lo que damos al mundo, es lo que obtenemos de vuelta. Nuestro negocio requiere que entremos en nuestra grandeza y que ayudemos e inspiremos a los demás a entrar también en su grandeza. Ya que este es un negocio de duplicación, en el que todo lo que hacemos se duplica, ¿no te gustaría también duplicar la bondad, la generosidad, el profesionalismo y las acciones éticas? ¿No es, acaso, de esas cosas de las que te gustaría estar rodeada? Sé que a mí , sí.

¿Qué pasa si tropiezas con otros?

En algún momento, esto sucederá. Hablas con alguien que ya ha estado hablando con otra constructora de negocio de tu compañía. Si descubres que la persona con la que estás conversando ya ha escuchado antes acerca de tu compañía, entonces haz lo correcto y recházala. Diles lo bueno que es este negocio, qué maravillosos son tus productos o servicios, y que deberían precipitarse a ponerse en contacto con la otra constructora de negocio. No importa si conoces o no a la otra constructora, o si ella te gusta o no. No analices, racionalices o intelectualices. Solo recházala. Porque eso es exactamente lo que te gustaría que otra hiciera por ti.

> Si descubres que la persona con la que estás conversando ya ha escuchado antes acerca de tu compañía, entonces haz lo correcto y recházala.

Aunque la persona con la que ella ya habló esté en tu línea superior, te imploro que no creas la falsa racionalización de que está bien ignorar las conversaciones anteriores con ella porque estás en su equipo y esto la beneficiará también. Estoy aquí para decirte, hermana, que sí nos importa. Y que somos capaces de averiguar si tiene sentido poner a una de nuestras candidatas como cliente o socia en el negocio debajo de ti. Además, así es como querrías ser tratada por tu equipo, ¿no es cierto?

Si rechazas a la persona, pero ella te dice que no quiere comprar o asociarse con la otra persona, entonces, lo próximo que hagas con ella no será tan blanco o negro. Si tu candidata no tiene una relación con la otra constructora de negocio pero recibió, por ejemplo, una conversación por mensaje de Facebook el año pasado y no hubo ningún seguimiento, entonces puedes sentirte cómoda y avanzar con la conversación.

Si alguien con quien estás conversando, tiene al mismo tiempo una relación con otra constructora de negocio en tu compañía, pero tu candidata no se siente cómoda prosiguiendo una relación profesional con ella, entonces te sugiero que descargues en tu candidata la responsabilidad de tener una conversación con la otra consultora antes de seguir adelante contigo. Requiérele que diga a la otra constructora que se ha decidido a seguir una relación de trabajo con otra persona y que le dé razones auténticas. Escuché a muchas integrantes de mi equipo manifestando su preocupación por poner la responsabilidad en manos de la candidata, ya que podría ser peligroso porque quizá ella no quiera tener una eventualmente incómoda conversación y podría decidir entonces abandonar el negocio. Creo, y la experiencia lo ha comprobado, que si la candidata, no está dispuesta a tener una conversación franca y profesional con la otra dueña de negocio, no tiene realmente los cojones que hacen falta para construir este negocio o el respeto por ti para mantenerte limpia y comenzar la relación contigo con el pie derecho.

Ocasionalmente, personas a quiénes no conoces y que tampoco están en Facebook como tus amigas, pueden contactarte sorpresivamente acerca de nuestra compañía. ¡Esa es una fabulosa y placentera sorpresa! Pregunta siempre cómo oyeron acerca de nuestra compañía y nuestros productos, lo que te ayudará a descubrir si han tenido conversaciones previas y, por lo tanto, si son personas que deberás rechazar. Tengo que prevenirte, sin embargo, que hacer las preguntas correctas no lleva siempre a la verdad. Así que, en esos casos, deberás seguir tu instinto para saber qué es correcto hacer.

> **Es cuando ignoras tu instinto que te metes en problemas.**

Es cuando ignoras tu instinto que te metes en problemas. Permíteme contarte acerca de una vez en que ignoré mi instinto y tomé una decisión terrible. Aprende de mi atroz equivocación al juzgar.

Años atrás, me contactó una candidata que estaba considerando seriamente a nuestra compañía y me dijo que había investigado mucho y que quería explorar el trabajar conmigo. Cuando hablé con ella por primera vez, me dijo que había escuchado hablar de mí, después que vio publicada en mi muro una llamada informativa que yo había grabado sobre nuestra compañía. Cuando le pregunté si ya estaba hablando con alguien más que trabajase en nuestra compañía, me dijo que no. Después de unas pocas conversaciones subsiguientes, resultó que había estado hablando con otra constructora, pero me informó que no se había llevado bien con ella y su carácter. Seguí mi propia regla y le pedí que regresara a la otra constructora para dejarle saber que no seguiría la relación de negocios con ella. Esta candidata volvió y me informó que ya había tenido esa conversación, y entonces seguimos con la nuestra.

Luego—y es aquí donde yo debería haberle dicho de un modo educado y respetuoso que se uniese a otro equipo y que le deseaba que le fuera bien—me dijo que había estado hablando con otra dueña de negocio, pero que no podía unirse a su equipo porque había tenido "problemas" con la pareja de la otra dueña de negocio.

Lo admito, me conmovió con su historia de qué estaba sucediendo en su familia, cuán dispuesta estaba a trabajar, cuán entrenable sería, cuánto necesitaba esta oportunidad, que las otras dueñas no habían sido las adecuadas para ella y que yo era la única con quién podría hacer crecer un negocio dentro de nuestra compañía. Pero, aquí está el tema. Si yo hubiese estado pensando con mi mente de negocio y afinado el oído para ver qué me decía mi instinto, en vez de pensar que yo era quien "salvaría" a esta mujer, lo que sucedió después no hubiese sucedido.

Resultó que las dos otras constructoras de negocio con las que ella había hablado, estaban en mi equipo. Ella no les había explicado claramente por qué no quería unirse a sus equipos. Y tampoco me dijo que ella se había enterado de mi llamada grabada a través de una de ellas. La integrante de mi equipo, como muchas en nuestro equipo, usaba esa llamada para concretar con sus candidatas y hacer crecer su equipo. Pero fui yo quien la enroló. Horror.

Lo que sucedió a continuación fue una absoluta tormenta de mierda. Sus socias en la línea superior, valiosas colegas y amigas, estaban furiosas conmigo. Las integrantes de mi equipo me perdieron el respeto y no tuvieron más confianza en mí porque yo había enrolado a una mujer que, en realidad, ya estaba hablando con otras dos integrantes de mi equipo antes de llegar a mí.

Ahora bien, podrías decir que basada en los hechos que me habían sido provistos, yo había seguido las reglas éticas de 1) hacer las preguntas y 2) rechazarla, así que todo estaba bien. Pero no lo estaba. Había fallado a las integrantes de mi equipo por no hacer suficiente investigación acerca de los hechos, averiguando quiénes eran esas otras personas con las que mi candidata hablaba, para encontrar la verdad. Eso sucedió porque ignoré mi instinto. Esa mujer estaba hablando con demasiadas personas para estar verdaderamente disponible y mi instinto había pescado eso. Aun si es posible discutir y decir que estaba disponible, era innegablemente escurridiza y huidiza y no una buena candidata. Tendría que haberme hecho la siguiente pregunta: "Si ella fuera un él, y las otras constructoras fuesen mujeres con las que él está saliendo, ¿te gustaría salir con él?". Peor aún: "Si fueses parte de la familia de esas mujeres, ¿te gustaría salir con él?". La respuesta hubiera sido un inequívoco "¡NO!".

Al final, resultó que la mujer no era ni consistente ni entrenable y terminó no haciendo nada. No valió el tiempo, la energía, la ira personal y la angustia que causaron a otras. No solo dañó amistades que había desarrollado a lo largo de los años pero fue, además, un acto estúpido.

Desde entonces, tengo una regla de acero de nunca traer a alguien directamente conmigo, si ya ha hablado primero con alguna de nuestras integrantes de equipo, sin importar cuán poco exitoso sea mi rechazo. No vale la pena. Aprendí que la gente escurridiza y huidiza en tu embudo solo hace crecer negocios escurridizos y huidizos, es decir, que no crecen. Recuerda, todo se duplica. Todas trabajamos duro para construir relaciones basadas en la confianza y el respeto con las integrantes de nuestro equipo—incluso con las que no conocemos personalmente—y una decisión estúpida puede resquebrajarlas mucho. Incluso si esta mujer hubiese terminado construyendo algo grande, no habría valido la pena.

El hablar de lo " local"

Me hace hervir la sangre cada vez que escucho que una constructora de negocio le dice a la candidata de otra persona, que solo tendrá éxito si se unen a un equipo local. Todas sabemos que esto de "tienes que unirte a la línea de alguien local" es otra grandísima falsedad pero sucede mucho en cada compañía. Esto sucede porque la persona que originariamente introdujo a la candidata vive en otra ciudad, otro estado o incluso en otro país y cree que otras constructoras locales querrán robar esa candidata. Así que aquí están algunas cosas que tengo para decir al respecto:

∗ Si crees que lo local es mejor, entonces tu negocio solo debería ser confinado a tu ciudad, pueblo, o alrededores de la zona en la que puedas encontrarte cara a cara con las integrantes de tu equipo. Pero entonces, no estás aprovechando a pleno las ventajas de nuestra red de mercadeo que aniquila las limitaciones geográficas. Y no eres una inteligente emprendedora llave en mano de la era digital.

∗ Esta estrategia está 100% en contra de la cultura de ayuda y colaborativa que es una de las mejores partes de nuestra profesión. Me he enamorado completamente del estímulo y la abundancia que se desprenden de no solo de nuestro equipo sino también de las constructoras de negocios a través de toda nuestra compañía e incluso de los líderes de otras compañías. No puedo imaginarme volviendo a los días feroces en la abogacía o las relaciones públicas. Pero esta "estrategia" amenaza este Edén y me enoja.

∗ Retirar a alguien de una patrocinadora a larga distancia para enrolarla localmente o crear el miedo de que no van a ser verdaderamente aceptadas o ayudadas, va en contra del Código de Ética de nuestra compañía, y también va, probablemente, en contra de la tuya. Te garantizo que si haces semejante cosa, volverá para perseguirte cuando tú misma estés tratando de hacer crecer el negocio desde lejos. El karma, mi querida.

Sigue el protocolo de los encuentros y eventos.

Todas asistimos a eventos—ya sean presentaciones del negocio, eventos centrados en productos, o de otro tipo. En estos eventos, recuerda que estás rodeada por personas y puedes estar segura de que una o más personas pueden escuchar todo lo que sale de tu boca. Así es que esta es la Regla de Oro para los eventos: Antes de que algo salga de tu boca, pregúntate si quisieras que una de *tus* candidatas o de las integrantes de tu equipo lo escuchase.

> **Antes de que algo salga de tu boca, pregúntate si quisieras que una de tus candidatas o de las integrantes de tu equipo lo escuchase.**

He escuchado personalmente en eventos a constructoras quejándose de invitados que habían cancelado, clientes abandonado el sistema automático de envíos, y otras manifestaciones negativas. ¿Te parece que tus candidatas estarían fascinadas con unirse a tu negocio si escuchasen a alguna de tus colegas decir estas cosas? La Regla de Oro, gente.

Y luego está la cosa del hablar de lo local asomando su fea cabeza en los eventos. En tu compañía, como en la nuestra, las constructoras a menudo envían a sus candidatas a eventos en otros mercados. Se supone que esas personas deben sentirse bienvenidas y abrazadas y hacerlas sentir como si fuesen parte de la comunidad local, incluso si su socia en la línea superior vive en otro lugar. Pero, oímos que hay caza furtiva en los encuentros cuando la socia en la línea superior no está allí. Y eso es asqueroso, no hay otro modo de calificarlo. Hay suficientes personas en el mundo que pueden ser tus clientes y socias en el negocio así que no tienes por qué depredar en el duro trabajo de otras, ¿no te parece? Karma, gente.

No inventes cualquier cosa.

Cuando hables acerca de tu negocio y tus productos o servicios, sé real acerca de lo que es real. Lo que se precisa para construir esto. Que no es para hacerse rica rápido. No embellezcas tus estadísticas o las de tu compañía. No retoques las fotos de antes y después, o, por el amor de Dios, no robes las fotos de otra compañía. Si no tienes todos los datos acerca de la historia de éxito de una persona o de la eficacia de un producto, comparte lo que sabes y solo lo que sabes. Serás mucho más útil a tus candidatas si les dices que precisas buscar la información que te están pidiendo, que si inventas cualquier cosa.

No supongas, porque una colega publicó algo, que es cierto. Quiero decir, nunca se publican cosas falsas en las redes sociales, ¿verdad? Así que no publiques algo a ciegas solo porque alguien lo hizo. Detente y haz un control instintivo y de sentido común. Si algo no te parece bien, investiga, o simplemente elige otra de las millones de cosas fabulosas que puedes publicar, compartir, tweetear o pegar en tu muro. También, cuando dudes, consulta con las reglas de tu compañía o con el departamento de marketing.

No publiques un implícito apoyo de una celebridad a tu negocio o productos, a menos que esa persona famosa tenga un contrato con tu compañía o sea tu cliente personal o socia en el negocio y te haya autorizado a que la uses en tu marketing. (O sepas que es cliente de una de tus colegas o socias en el negocio). Me dan risa todas las ingeniosas pero igualmente ridículas imágenes que sugieren que Oprah o Ryan Gosling o Bill Gates están aplaudiendo nuestros productos o nuestro negocio. Si haces esto, te expones y expones a tu compañía a acciones legales por parte de la celebridad. ¿No estás contenta de que yo sea abogada?

Aún si has hecho algunas de estas cosas, tengo que compartir contigo lo que John y yo decimos a los niños cuando hacen algo que no es representativo de lo mejor de su persona. Solo porque has hecho esa cosa miserable, esa verdadera mierda (sí, hablamos así frente a nuestros niños), no significa que seas una mala *persona*. Solo has tenido una mala *conducta*. Pero, ahora que sabes cuál es la diferencia, en el futuro elegirás mejor qué hacer. Cada error es una oportunidad para aprender y crecer. Cada día hay maravillosas oportunidades para tomar buenas decisiones que ayuden a otra gente a sentirse más segura y hacer más fuertes a ti y a tu negocio.

Si alguna vez tienes alguna pregunta, esto es lo que debes hacer. Los niños tienen un inalterable sentido de lo que está bien y lo que está mal, así que busca a un niño de cinco a trece años, ya sea tu hijo, hija, nieto, nieta, sobrina, sobrino o el hijo del vecino, y explícale la situación y lo que planeas hacer. No editorialices. No corrijas. No agregues excusas. Solo hechos. Fíjate si pasa su medidor de falsedades. Si te encuentras queriendo editorializar, corrigiendo, o agregando una excusa, sabrás que no está pasando el tuyo.

Haz lo que es correcto o el karma te alcanzará. Toma buenas decisiones. Porque ahora ya sabes lo que es mejor.

CAPÍTULO 13

Tu tiempo vale
962 USD la hora

En el próximo capítulo, te voy a decir que tienes que cuidarte mientras estás construyendo tu imperio. Puede requerirte agregar algunas cosas a tu vida. Y eso va a enojarte. Entonces, voy a contarte primero cómo encontrar más tiempo en tu día, tu semana y tu mes, de modo que puedas usar ese tiempo extra para cuidarte a ti misma y ser la Directora General de tu negocio y de tu vida. Te voy a ayudar a ser más eficiente.

El tiempo es nuestro recurso más valioso.

Antes de que podamos tener una conversación convincente acerca de la eficiencia, tienes que comprender cuál es el valor real de tu tiempo. Primero, debes decidir sobre dos cifras:

1) ¿Cuánto quieres ganar finalmente por año a través de tu negocio? No te limites a lo que quieres ganar el mes próximo o el año próximo. Estoy hablando de la gran cifra. ¿Hasta dónde quieres hacer crecer este negocio?

2) ¿Cuántas horas por semana quieres trabajar? No estoy hablando de las horas que crees que **debes** trabajar. Necesitas ser honesta acerca de cuántas horas **quieres** trabajar cada semana en tu negocio.

Una vez que fui a la primera convención de nuestra compañía y empecé a comprender qué tenía, en realidad, entre manos, comencé a pensar en mis cifras. Quería ganar un millón de dólares por año y trabajar 20 horas por semana. Estaba soñando en grande. En aquel momento, nuestra compañía era tan joven, que no teníamos los elementos que probasen el éxito como tenemos ahora. No teníamos un programa para el auto o una ganadora de siete cifras. Pero, me imaginé, qué diablos importa, voy a apuntar a las estrellas.

Como siempre había trabajado en profesiones reguladas por la paga por hora, quería averiguar cuánto valía mi tiempo. Al principio de todos nuestros negocios, estamos trabajando un montón de horas, con la promesa de un gran retorno. Pero no quería enfocarme en la depresiva realidad de lo que estaba ganando en ese momento por cada hora de trabajo. En cambio, quería saber cuánto valía mi trabajo—mi hora facturable, si prefieres—basada en lo que quería ganar.

Estos son mis cálculos de aquel entonces:

20 horas por semana x 52 semanas= 1040 horas anuales
1 millón USD / 1040 horas anuales= 962 USD la hora.

¡Cada hora de mi tiempo valía 962 USD! Eso superaba enormemente mi hora facturable como abogada o consultora de Relaciones Públicas. ¿Crees que eso tuvo un impacto en cómo usaba mi tiempo? ¡Pues créeme que sí!

En tanto mis metas cambiaron—cuánto quiero ganar y cuánto quiero trabajar en nuestro negocio—he ido consistentemente re-calculando, así que tengo una claridad absoluta acerca del valor por hora de mi tiempo. Me ayuda a continuar refinando en qué uso mi tiempo y cuán eficiente soy. Mientras estoy escribiendo esto, cada hora de mi tiempo, basada en mis actuales metas filantrópicas, vale 3846 USD. ¿Crees que esto me mantiene motivada para seguir trabajando con mayor eficiencia y no perdiendo el tiempo? Puedes, por cierto, creer que sí.

Comienza a actuar

Piensa realmente acerca de lo que quieres que este negocio logre para ti y tu familia. Luego, usa esos números para encontrar cuál es el valor de la hora de tu tiempo. Una vez que lo hayas encontrado, escríbelo aquí abajo.

___ horas por semana x 52 semanas = ___horas anuales

(ingreso anual) / ___horas anuales = ___USD por hora

Cada hora de mi tiempo vale___USD.

Antes de que continuemos, detente y averigua tus números. Espero que pienses: "Guau, soy lo más". Porque lo eres. O lo más en progreso. De cualquier modo, vamos a hacerte más inteligente aún acerca de cómo usas tu tiempo.

Después de todo lo que me ha pasado y he aprendido en los últimos años como mamá, emprendedora y como una muy activa humana, podría escribir un libro entero acerca de cómo administrar mejor tu tiempo en tu negocio y en tu vida privada para verdaderamente vivir la vida que deseas. Oye, si realmente este libro te gusta, hasta quizá lo escriba. Pero quiero darte la versión parecida a los resúmenes de las Cliff's Notes®, de algunos de los simples modos de encontrar más tiempo.

Administra tu horario de trabajo.

Es posible que ya hayas oído que para construir una exitosa red de mercadeo, debes establecer tus Horas de Funcionamiento—en las que trabajarás tu negocio cada día y cada semana. Durante los primeros cinco años, yo incluso hice entrenamientos sobre esto. Pero nunca pude del todo hacer que mis socias las trabajasen o conseguir a nadie que adhiriese a esas horas.

¿Por qué? Porque las Horas de Funcionamiento son una total mentira.

Desde que comencé mi negocio, no tuve dos semanas seguidas que se pareciesen. Los niños se enferman. La caldera inunda la casa. Aparece un urgente e inesperado proyecto en tu empleo. Cada semana es diferente y ni siquiera mañana puede parecerse a lo que estás planeando. ¿No tengo razón? Así que, olvídate de las rígidas Horas de Funcionamiento.

En cambio, déjame darte el simple sistema que uso yo para asegurarte de que te presentarás a hacer el trabajo de tu negocio, de algún modo o manera, cada día, sin importar qué más tengas que hacer aparte.

Primero, pon todo lo que tienes que hacer en tu vida en un solo lugar. Ya sea en una agenda de papel al viejo estilo o bien en una online, todo tiene que estar allí. Eso incluye tus horarios fijos y lo que tienes que hacer para tu empleo, tu negocio de redes de mercadeo, las citas personales, las responsabilidades de familia, la gimnasia, los eventos sociales. Si no estás religiosamente poniendo en tu agenda todas estas cosas, comienza a acostumbrarte a hacerlo ya mismo. Las vidas de los Directores Generales de los imperios que crecen funcionan porque programan sus vidas.

Segundo, en vez de tratar de establecer horas de funcionamiento y respetarlas, vas a hacer lo siguiente. Cada domingo a la noche, siéntate por 15 minutos con tu agenda y diseña la semana siguiente. Mira todo lo que tienes que hacer y que ya está allí; las cosas que no son negociables y que no se pueden mover.

> **Las vidas de los Directores Generales de los imperios que crecen funcionan porque programan sus vidas.**

Tercero, identifica los huecos de tiempo que dedicarás a la búsqueda de tus propias candidatas. Recuerda, si no te pagas primero a ti, tu negocio no se desarrollará. Este tiempo es sagrado y no podrá ser usado para ninguna otra cosa. A continuación, marca cuándo estarás disponible para llamadas de tres personas y llamadas cortas de entrenamiento de tu equipo. Finalmente, ten preparada tu lista 5-3-2 para el lunes (las cinco nuevas personas que vas a contactar, las tres personas que vas a volver a contactar y las dos integrantes de tu equipo con quienes harás un breve contacto).

Lo que muchas constructoras que son también esposas y/o madres encuentran (yo incluida), es que es imposible administrar bien nuestra agenda y hacer malabarismos con el sistema para que todo funcione como una máquina bien aceitada, sin coordinar con nuestros esposos. Es por eso que hace ya años, John y yo empezamos a hacer lo que llamamos "encuentros de tráfico" semanales, para coordinar nuestros respectivos horarios y compartir responsabilidades. Nos gusta hacer esto los domingos al atardecer antes de que él y yo solidifiquemos nuestras agendas personales. Son 15 minutos que han reducido el estrés, la mala comunicación y las frustraciones y han hecho de nosotros un mejor equipo. Y nos han ayudado a asegurarnos que los niños sean recogidos al finalizar sus actividades. ¡Juro que solo nos olvidamos una vez de recoger a Bebe a su clase de danza! Todavía usa esto para hacernos sentir culpables.

Luego, cada día de la semana antes de terminar tu día, tómate cinco minutos y mira tu agenda del día siguiente. Serás capaz de hacer más malabares si es necesario, tener totalmente claro qué te depara el día siguiente y reunir tu lista 5-3-2.

Quince minutos en la noche de los domingos y cinco minutos cada atardecer. Comprométete con este sistema durante un mes y, te lo prometo, te sentirás como que estás dirigiendo activamente tu negocio en vez de reaccionando a él.

Tu lista de cosas para no hacer.

Si te está resultando difícil encontrar tiempo para buscar tus candidatas personales, es porque estás haciendo demasiado de otras cosas. En la biblia de negocios *Good to Great*, Jim Collins argumenta que "tu lista de cosas para no hacer" es tan importante como la "lista de cosas para hacer" y, para algunas de nosotras mucho **más importante**. Te aliento a escribir todas las cosas que haces durante una semana en tu negocio y cuánto tiempo pasas en ello. Y quiero decir, todo. Sé exacta y honesta porque este será el único modo de alcanzar tus metas.

> Si te está resultando difícil encontrar tiempo para buscar tus candidatas personales, es porque estás haciendo demasiado de otras cosas.

Mientras una constructora desarrolla una organización que va a ir tomando una vida propia, creo firmemente que ella debería pasar de 85 a 95% de su tiempo buscando candidatas personales, entrenando a las nuevas integrantes de su equipo que son entrenables y receptivas y haciendo llamadas de tres personas para su equipo. Esas son las actividades de núcleo requeridas para construir este negocio. Todo lo que aprendí acerca de esta profesión prueba que, para construir algo sustancial, precisas realmente dedicarle entre 10 y 15 horas por semana. Por lo tanto, si no eres capaz de dedicar al menos ocho horas y media por semana para las actividades esenciales que producen ingresos de buscar candidatas, entrenar a las novatas y hacer llamadas de tres personas, entonces necesitas cortar alguna de las otras cosas que haces.

¿Cuánto tiempo pasas charlando de nimiedades con las integrantes de tu equipo cuando deberías en cambio, estar teniendo breves charlas de entrenamiento con un propósito específico en las que les hables acerca de sus tres desafíos actuales dentro del negocio? ¿Cuánto tiempo pasas repitiendo los mismos conceptos a tus socias en el negocio, pensando que, si solo les explicas una vez más la importancia de contactar a gente consistentemente, ellas tomarán el teléfono después de seis meses de no hacer nada? Es posible que sea más cómodo tener estas conversaciones que las que precisas tener con potenciales socias en el negocio y clientes. Pero, estas cosas consumidoras de tiempo, no harán crecer tu negocio.

¿Cuánto tiempo pasas patrullando Facebook y pensando que estás haciendo una API, actividad productora de ingreso? Pon una alarma en tu reloj para dentro de cinco minutos. Entra en Facebook y publica lo que tengas que publicar, comenta algo en cinco entradas para ser más visible en sus actualizaciones de noticias, pon un cumplido a dos miembros de tu equipo y sal de allí. Cuando la alarma de tu reloj suena, terminaste.

Cuando hayas llegado al final de escribir cada cosa que haces para tu negocio (o creas que estás haciendo) durante una semana, tendrás una buena idea de qué es lo que no te sirve. Deja de hacerlo para que puedas pasar tu valioso y precioso tiempo enfocada en cosas que realmente harán crecer tus ingresos.

Las llamadas de entrenamiento tienen que tener un propósito.

Las llamadas de entrenamiento pueden absorber mucho tiempo si tú y tu constructora no llegan a la llamada con una clara idea de lo que tienen que cubrir. Después que una integrante del equipo completó sus primeros 30 días, lo que marca el final de la fase de "novata", le ofrezco semanalmente o dos veces por mes, 15 minutos de "inyecciones de PODER "(aptamente llamadas en honor a nuestro equipo Empoderado por ti) para tratar temas específicos, predeterminados.

Todas las integrantes del equipo tienen que completar un cuestionario de entrenamiento y devolvérmelo varias horas antes de la llamada. Este incluye las siguientes preguntas diseñadas para comprender cuán activamente está trabajando su negocio, en qué está usando su tiempo y qué desafíos precisamos discutir.

* ¿Cuántas personas nuevas contactaste la semana pasada?

* ¿Cuántas llamadas de tres personas trajiste a tu socia en la línea superior la semana pasada?

* ¿Cuántas llamadas de tres personas te trajeron a ti la semana pasada?

* ¿Tuviste el nivel de actividad que esperabas? Si no, explica por qué.

Luego, les pido que hagan la lista de los tres temas que quieren discutir durante nuestra conversación.

Este sistema no solo sirve para hacer llamadas productivas y eficientes, sino que requiere que la constructora reflexione sobre su actividad personal. Me ha hecho mucho más fácil el diagnosticar problemas y ayudar a las integrantes de mi equipo a refinarlos y arreglarlos. Si una constructora es de las que desaparecen sin avisar y no tuvo una emergencia, dejamos las sesiones hasta que esté lista a tratar esto como un negocio y respetar mi tiempo. Y, cuando una integrante de mi equipo no contacta al menos 15 personas nuevas por semana durante más de dos sesiones, suspendemos el entrenamiento hasta que esté lista para comprometerse con el tiempo necesario como para hablar con las suficientes personas para crecer. ¿Soy muy severa con esto? Sí, lo soy. Pero sé que mi tiempo vale y que alguien tiene que estar bien comprometida con esto para poder usar mi tiempo. Si no están bien compenetradas, yo sé que nuestra compañía y el equipo de entrenamiento general con sus recursos proveen más que suficiente para que ellas consigan alcanzar sus metas. Yo espero que tú también comprendas las virtudes de ser muy severa.

> Sé que mi tiempo vale y que alguien tiene que estar bien comprometida con esto para poder usar mi tiempo.

Trabaja con tu cuerpo, no en contra de él.

Cada una de nosotras tiene una fisiología única que nos dicta cuándo tenemos la mayor energía. Es importante que reconozcamos nuestros biorritmos y que trabajemos con ellos, no en contra de ellos. Por ejemplo, yo no soy una persona tempranera. Habitualmente, no estoy lista para estar atenta o atender nada hasta las 8:30. Y desde las 4:30 hasta las 5:30 de la tarde, soy totalmente inútil para cualquier cosa que requiera creatividad o disciplina concentrada. En vez de luchar contra eso, me adapto.

Es por eso que nunca busco candidatas o hago llamadas de tres personas durante esos horarios. En cambio, uso mis tiempos de energía más baja para hacer las cosas que no me requieren ser convincente o inspiradora. Soy una bola de fuego total desde las 10 de la mañana a las 2:30 de la tarde y luego, otra vez, desde las 8 a las 9 de la noche. Te gustaría estar en mi campo de energía en esas horas, créeme. Así que esos son mis horarios preferidos para buscar candidatas.

Te invito a que mires cuándo estás haciendo tiempo para buscar tus candidatas, y estar bien segura de que no sea cuando estás en tus valles naturales en vez de tu cima.

El toque personal no tiene que ser en persona.

No hagas nada en persona que puedas hacer por teléfono o en FaceTime. Yo solía pensar que si enrolaba una persona que vivía localmente, tenía que hacer el primer entrenamiento en persona.

Lo que descubrí con el tiempo es que, independientemente de donde viviesen, no había ninguna correlación entre las que entrenaba en sesiones personales de una a una y las que entrenaba a través del teléfono. Las que entrenaba en persona y no estaban auto-motivadas, hambrientas y entrenables, no hacían nada, en tanto otra que estaba tres zonas horarias más lejos y que entrenaba por teléfono, ya tenía dos socias en el negocio en sus primeras dos semanas. Entrenar por teléfono ahorra el tiempo de andar manejando, y muestra a tu nueva socia en el negocio que ella también puede entrenar integrantes de su equipo en otras ciudades y países, usar su tiempo eficientemente y no creer en ninguna preconcebida limitación geográfica.

He visto también muchas constructoras de negocio ralentizar su desarrollo pensando que tienen que encontrarse con todas las candidatas locales. Aprendí pronto que es importante calificar cuán interesada está una persona en aprender más acerca de mi negocio y mis productos *antes* de considerar si deberíamos o no encontrarnos personalmente. Las primeras conversaciones acerca del negocio deberían ser breves—de diez a veinte minutos como máximo—y es mucho más eficiente el uso del valioso tiempo de todas, haciéndolas por teléfono. Si tu candidata quiere discutir más las cosas en persona después de eso, recomiendo incluir una llamada de tres personas en ese encuentro cara a cara, o encontrarla después de una llamada de tres personas, si no puedes terminar de concretar con ella durante la llamada.

Estás ocupada. Las personas con las que hablas están ocupadas. Así que muestra a tus candidatas que simple es este negocio y cómo puede encajar en sus ya enloquecidas y llenas vidas, y cómo no existen limitaciones geográficas para lo mucho que ellas pueden crecer y dónde.

No te distraigas

Vivimos en una era en que las distracciones nos bombardean todo el tiempo. Alertas, notificaciones, textos, señales. Solo mira a una adolescente tratar de hacer sus deberes y verás cómo la tecnología, con todas sus virtudes, ha hecho muy difícil concentrarse en una tarea desde que se comienza hasta completarla. Luego, combina esto con las distracciones que vienen de trabajar en casa—el perro, el lavado, los operarios de reparación, los niños y la heladera. Si no aprendes a ser disciplinada con todo esto, puede devorarte el tiempo que tienes para construir tu negocio.

Algunos consejos:

* Controla el correo que usas para tu negocio solo tres veces por día. Sea lo que sea, puede esperar algunas horas. Usa los mensajes de texto para los asuntos más urgentes y pide a tu equipo que haga lo mismo. Si algo no precisa ser atendido en la siguiente hora, no es urgente.

* Mira Facebook o Instagram no más de tres veces por día. A menos que estés haciendo alguna campaña en las redes sociales que requiera que respondas en tiempo real, no te perderás nada importante por pocas horas. Cuando lo hagas, pon una alarma en tu teléfono para cinco o diez minutos después. Cuando suene, sales de allí y vuelves a los otros aspectos cruciales de tu negocio.

* Cuando ya es la hora de hacer tu búsqueda personal de candidatas, cierra todos los programas y aplicaciones que no sean requeridos para tu llamada. De ese modo, podrá concentrarte en la llamada que estás haciendo e ir inmediatamente a la próxima llamada sin distraerte.

* Desactiva las notificaciones. Cuando no estoy activamente en mi correo electrónico o en mis redes sociales, no quiero ser distraída por las notificaciones. Me conozco bien y la tentación de mirar es para mí siempre muy grande. Por lo tanto, tengo que desactivar todas las notificaciones.

Multiplica tu tiempo.

No estoy hablando de hacer múltiples tareas al mismo tiempo. La multitarea, que se ha casi convertido en una insignia de honor, es cuando hacemos dos o más cosas simultáneamente. La investigación muestra que la multitarea no es tan eficiente como a todas nos gusta creer y que puede incluso ser perjudicial para nuestra salud. Aunque pensemos en nosotras mismas como si fuésemos la Mujer Maravilla, nuestros cerebros tienen una limitada cantidad de atención y productividad. Si estás realizando dos actividades al mismo tiempo, salvo que una de ellas sea automática, como doblar la ropa o caminar, entonces nunca estarás "en la zona", es decir concentrada y atenta, en ninguna de las dos. Y ,si estás haciendo malabarismos con tres o más cosas al mismo tiempo, olvídate. No harás ninguna de ellas con excelencia.

Yo sé que las multitareas elevan mi nivel de estrés y los sentimientos de ansiedad por tratar de meter demasiadas cosas en el mismo período de tiempo.

Pero, un estudio de Stanford hecho en 2013, muestra que combinar actividades puede ayudarnos a lograr nuestras metas sin desgastarnos. Usar "multiplicadores" significa hacer una cosa que satisfaga múltiples metas, en vez de hacer múltiples actividades al mismo tiempo. [Bixler Clausen, L. (November 18, 2013). Los "multiplicadores" son claves para reconsiderar nuestro tiempo. [http://gender.stanford.edu/ news/2013/multipliers-are-key-rethinking-time#sthash.DZ-hxBZYM.dpuf]

En mi caso, me gusta leer y responder a los correos electrónicos y a los mensajes de Facebook, cuando estoy sentada con mis hijos durante el tiempo en que ellos hacen sus deberes. Están contentos de que yo

> **Combinar actividades puede ayudarnos a lograr nuestras metas sin desgastarnos.**

esté allí con ellos, puedo supervisar lo que hacen y responder preguntas y mi bandeja de entrada va quedando limpia. Escucho las llamadas de entrenamiento cuando hago ejercicios cardiovasculares. Hago llamadas de tres personas cuando estoy haciendo de todo, desde cocinar a guardar la ropa lavada (he aquí el maldito cuidado de la ropa otra vez; ¡por qué nuestros hijos no pueden usar la misma ropa dos veces!), y también cuando manejo. Por favor, toma nota de que no te estoy sugiriendo que hagas actividades del negocio mientras operas una máquina compleja como un auto. Sin embargo, una vez que me volví una experta en llamadas de tres personas, encontré que el tiempo durante el cual conduzco el auto, es un recurso valioso para hacer APIs.

Comienza a actua

Piensa acerca de los diferentes modos en que puedes llevar esto a la práctica. Encuentra al menos tres multiplicadores que puedas comenzar a implementar.

También es increíblemente útil agrupar actividades semejantes. De acuerdo a muchos estudios, moverse de un lado al
otro entre diferentes tareas, nos lleva más tiempo en terminarlas que el que nos llevaría terminarlas por separado. Entonces, concéntrate ininterrumpidamente en cada tarea que
requiera un específico marco mental y, una vez que estás en-
caminada, quédate allí hasta que la termines. Es por esto que
organizo las llamadas de tres personas una tras la otra, las llamadas de entrenamiento, una tras la otra, respondo a todos los
correos al mismo tiempo y dedico tiempos específicos a buscar
candidatas para mí.

¿Estás juntando las actividades similares en tu agenda? Si
no, te desafío a que adquieras el hábito de hacerlo, de modo
que puedas evitar esas pequeñas pérdidas de tiempo que so-
brevienen cuando tienes que ir
de un tipo de tarea a otra. No solo
serás más eficiente, pero también
te sentirás menos exigida y menos
frenética.

> ¿Estás juntando las actividades similares en tu agenda? Si no, te desafío a que adquieras el hábito de hacerlo.

OK, te encontré un poco más de
tiempo. Así que demos vuelta la página y veamos cómo puedes cuidarte
a ti misma. Porque no puedes construir una gran organización,
si no cuidas a la persona más importante en ella—TÚ.

CAPÍTULO 14

Cuidándote a ti misma
a lo largo del camino

Uno de los más valiosos regalos de este negocio es que nos puede dar libertad a aquellas de nosotras con las agallas y el valor para construirlo. La libertad de trabajar dónde queremos, cuándo queremos, con quién queremos. La libertad de ganar tanto como queramos. La libertad de tener lo deseado.

Pero, he aprendido en carne propia que si no te cuidas a lo largo del camino, no solo no construirás tan rápido sino que no estarás con tanta buena salud, feliz y plena cuando alcances tus metas.

Lo sé por mi experiencia personal. Para cuando pude hacer que John dejase su práctica clínica al cumplirse los dos años y medio, yo estaba destruida. Estaba agotada; nunca me sentía del todo presente; me enojaba fácilmente; tenía diez kilos de más por comer para tapar el estrés: y no era tan eficaz como quería, en ninguna parte de mi vida.

Tuve que hacer cambios. Tenía que cuidar de mí misma si quería hacer crecer el negocio tan grande como pudiese y si quería ser una persona sana, una buena mamá, una buena esposa y una buena persona. Quería de verdad ser capaz de disfrutar de esta cosa increíble que nos estaba sucediendo a mí, a nuestra familia y a nuestro equipo.

Yo quería todo. La salud física, espiritual y emocional. Relaciones significativas. Un negocio exitoso. Diversión y espontaneidad. Había conseguido la parte del negocio exitoso, pero si quería conseguir el resto, tenía que aprender cómo cuidarme mejor y vivir más equilibradamente.

No me entiendas mal—hace rato abandoné el mito de que es posible que alguien lo tenga todo, al mismo tiempo. Para las madres que trabajan, al menos, no creo que sea posible tener un perfecto equilibrio cada día. Para mí, es todavía terriblemente difícil tenerlo cada semana. Pero, una vida que, por encima de todo, lo tuviese todo, era mi meta. Una vez que conseguimos que John se liberase de su práctica clínica, comencé a hacer una prioridad el cuidar de mí misma y sabía que, además, eso me ayudaría a cuidar mejor de mi familia, mis relaciones y mi negocio.

Esto me requirió trabajar en mi mente, mi cuerpo y mi espíritu. Me obligó, además, esforzarme un poco más en instalar algunos sistemas que, desesperadamente, necesitaba como ayuda. Mi libro acerca de cómo usar esta profesión para construir la vida soñada, estaría incompleto si yo no te mostrase también cómo hacerlo. Pero esto requerirá también que dediques un poco de tu tiempo a ti, exactamente como hice y aún hago yo.

Has leído correctamente. Después de los capítulos contándote todo el trabajo que tienes que poner para construir este negocio absorbente, te digo ahora que agregues algo más en tu maldita lista. Para estar segura de que pases más tiempo, uno que crees no tienes, en cuidarte a ti misma para que puedas crear un negocio aún más grande y mejor, y ser una humana más plena.

¿Qué? ¿Agregar algo más a tu ya gigantesca lista? Sí. Eso es exactamente lo que estoy diciendo. Si acabas de insultarme, todo bien. Puedo aceptarlo. Hace seis años, posiblemente yo te hubiera lanzado una selección de buenas maldiciones si me hubieses dicho lo mismo.

Pero, recuerda, ya te encontramos más tiempo haciéndote más eficiente. Oye, todavía no te he llevado a ningún lugar equivocado, así que quédate también conmigo en este. ¡Te prometo que es posible construir este negocio y también cuidarte al mismo tiempo! La mejor parte de esto es que, cuando te cuidas, harás cosas más grandes en tu negocio y tendrás más placer en el camino.

Primero, aclaremos algo. No puedes hacerlo todo, así que ni siquiera lo intentes. Es difícil hacer que todo se compagine: esforzarse mucho profesionalmente, estar allí para tus hijos (y estar presente cuando físicamente estás allí), cuidarte y tener además lo suficiente para dar a tu marido y amigos.

Por cierto, no puedes hacer todo lo que quieres cuando estás comenzando con tu negocio. Considero que todas las constructoras están comenzando hasta que su ingreso es lo que ellas desean que sea y su equipo esté duplicando mes tras mes. No es que seas un fracaso, si no estás haciendo todo. Eres simplemente humana como el resto de nosotras.

Aprende a decir que no.

En este negocio, festejamos los "No". Diablos, en este libro te pedí que salieras y encontrases 100 candidatas y pronto. ¿Entonces por qué, ¡ay, por qué!, nos cuesta tanto decir que "No"? Esta palabrita es una de las más importantes para aprender si quieres ser la Directora General de un negocio en desarrollo, mientras continúas siendo una sana y feliz humana.

Cuando comencé mi negocio tuve que decir que no muchísimas veces. No, no puedo tomar clientes extras solo porque tú deseas realmente contar con mi experiencia. No, no podré enseñar en el Colegio Hebreo este año. No, no puedo encabezar la búsqueda de fondos para Montessori. No era fácil. Soy una mujer, después de todo, y, de algún modo, hemos sido pro-

> **El no fue más fácil de decir cuánto más lo decía. Y un sentimiento de gran alivio llegó al decir que no a cosas que no servían a mis principales prioridades.**

gramadas para creer que se supone que debemos hacer todo y hacerlo bien. Pero, el no fue más fácil de decir cuánto más lo decía. Y un sentimiento de gran alivio llegó al decir que no a cosas que no servían a mis principales prioridades.

Aprendí también a decirme que no a mí misma y a esas expectativas poco realistas que muchas de nosotras nos imponemos. ¿Te has encontrado alguna vez racionalizando acerca de estar haciendo algo que o no quieres o no tienes tiempo de hacer, solo porque crees que "deberías" hacerlo? No estoy hablando acerca de pasarte el hilo dental o pagar impuestos. Estoy hablando de cosas tales como comprometerte demasiado con un trabajo voluntario o encargarte de una gran fiesta en el vecindario para el día de San Valentín porque te toca a ti. Yo estaba haciendo todos los "debería" posibles y me suena a que tú también lo haces. El problema con los "debería", es que no contribuyen a nuestras prioridades. Si lo hiciesen, no serían un "debería". Serían un "quiero" o un "debo".

Dame el nombre de la Directora General de una compañía de siete cifras que, cuando estaba recién comenzando,

> **El problema con los "debería" es que no contribuyen a nuestras prioridades.**

cocinaba todas las noches, limpiaba su casa todos los días, no tenía ninguna ayuda con los niños y aceptaba todas las oportunidades de trabajo voluntario que le ofrecían. En serio, mándame un mensaje en Facebook con su nombre y te enviaré un regalo gratuito. Estoy segurísima de que no existe. Tal como Santa Claus y la Mujer Maravilla no son reales. Pueden ser grandes ideas para gente que vive en un mundo de fantasía, pero no para personas en el mundo real. Ven entonces a vivir en el mundo real conmigo. Es liberador.

Me di cuenta bastante pronto de que si iba a ser una de esas Directoras Generales con siete cifras anuales como aspiraba a ser, no sería tampoco capaz de hacerlo todo. Tuve que decir que no a alguno de los roles que estaba representando en mi vida. Uno de esos roles fue el de Chef del Hogar. Siempre amé cocinar y hasta que comencé mi negocio, yo era la cocinera. Estaba claro, sin embargo, que esta chef precisaba ser eliminada de la agenda de comidas, al menos parte del tiempo, de modo que tuviese más tiempo para hablar con la gente. Las cenas se convirtieron a menudo en comidas ensambladas (¡gracias, Costco!) o John comenzó a agregar nuevas recetas a su repertorio culinario más allá del infame "pollo a la pimienta" de los comienzos de nuestro matrimonio. Era solo pollo y pimienta, y no estoy bromeando.

Otro rol fue el de "Voluntaria frecuente". Antes de comenzar mi negocio, participaba en los directorios de muchas organizaciones de beneficencia sin fines de lucro, conducía diversos comités y enseñaba religión a los más pequeñitos en un colegio. No soy una superheroína y actúo durante las mismas 24 horas que todos los demás. Así es que reconocí que no tenía ni el tiempo ni la energía para enfocarme en mis prioridades principales—mi familia, mi nuevo negocio, mi salud y servir a mis clientes de Relaciones Públicas—y además hacer todas las actividades de voluntariado que había encarado antes de convertirme en una emprendedora llave en mano. Sabía que no le estaba diciendo adiós para siempre a todo ese tipo de servicio. De hecho, una vez que tuve el negocio lucrativo y la libertad para disponer de mi tiempo que me trajo, fui capaz de considerar pedidos de voluntariado y elegí a los afines a mi corazón.

Cuando estás construyendo tu negocio, di que no a cualquier cosa que no sea una de tus prioridades principales. Te lo prometo: si dices que no más a menudo ahora, será capaz de decir que sí más a menudo más tarde.

Di que sí a la ayuda.

Cuando están desarrollando sus compañías los Directores Generales invierten en los recursos humanos necesarios y la infraestructura requerida para maximizar la productividad y el rédito. En nuestra profesión, precisamos solo una fracción de los recursos de los negocios tradicionales, porque recurrimos a los recursos de infraestructura de las compañías con las que trabajamos. Pero eso no quiere decir que no precisemos ayuda. Porque, cuando más grande se vuelva tu negocio, más ayuda necesitarás y querrás, y serás capaz de permitirte.

> Porque, cuando más grande se vuelva tu negocio, más ayuda necesitarás y querrás, y serás capaz de permitirte.

Recuerdo una conversación que tuve con mi entonces cliente Nell Merlino y que me abrió los ojos. Nell era una de las fundadoras de "Llevemos a nuestras hijas al día de trabajo" (hoy incluyendo también a los varones). En aquel momento, yo era su consultora de Relaciones Públicas, ayudándola a promover su último emprendimiento "Cuenta conmigo para la independencia económica de las mujeres". Me siento tan orgullosa de Nell. "Cuenta conmigo" se ha transformado en la líder nacional como sociedad sin fines de lucro que provee recursos, educación para los negocios y ayuda comunitaria a las mujeres emprendedoras que, al revés que nosotras en las redes de mercadeo, están haciendo la enorme tarea de construir sus propios negocios tradicionales desde la nada. Me encanta cómo nuestras misiones profesionales son ahora semejantes—

ayudar a las mujeres a desarrollar sus micro-emprendimientos hasta tener un éxito de un millón de dólares.

Antes de tener a los niños, estaba manejando y llevando a Nell alrededor de Seattle en una recorrida de prensa. Me dijo algo que me quedó grabado desde entonces: "¿Sabes, Romi, cuál es la razón por la cual no hay más mujeres millonarias? Las mujeres no delegan. O no saben cómo hacerlo o rechazan aprender. Y eso les está costando muchísimo". Me juré en ese momento que, si algún día me tocaba desarrollar un negocio propio, delegaría todo lo que pudiese.

Si te encuentras, como me sucedió a mí, incapacitada para ser una mamá presente, de tiempo completo y tener además el tiempo y la energía requeridos para construir tu negocio, entonces te pido que busques ayuda para que se ocupe de tus hijos. No eres un fraude si alguien cuida a tus niños. De hecho, si no puedes hacer todas tus APIs mientras haces malabarismos con tus niños, el cuidado de ellos es un gasto necesario del negocio.

Sé que algunas de ustedes al leer esto están pensando: "Un momentito, señora, yo empecé este negocio para poder construir algo que me permitiese estar con mis hijos," Pues bien, yo también. Y tú lo estás haciendo. Pero te desafío a presentarme a una Directoral General de un negocio de siete cifras que no tuviese al menos una ayuda de tiempo parcial para el cuidado de sus niños mientras estaba construyendo su imperio. ¿Acaso Tori Burch se perdió un encuentro con Neiman Marcus porque no tenía a nadie que le cuidara los hijos? No. Por cierto que no. Entonces, ¿por qué crees que se supone que tú sí puedes construir un gran negocio durante la hora por día que tu niño pequeño duerme la siesta?

> ¿Por qué crees que se supone que tú sí puedes construir un gran negocio durante la hora por día que tu niño pequeño duerme la siesta?

Como mujeres nos ponemos a nosotras mismas frente a estándares muy altos, irrazonablemente altos, en realidad. Es posible que escuches historias en tu compañía o en nuestra profesión, de mamás que ganan siete cifras y que no tienen ninguna ayuda con sus hijos y que, aún así, se ocupan de educarlos en casa, cocinan todas las meriendas para el colegio y siempre tienen tiempo para hacer gimnasia y depilarse. Si hay mujeres por ahí que de verdad hacen todo esto, las aplaudo hasta que me duelan las manos. Pero no me mido a mi misma con ese estándar y tampoco deberías tú. Está bien necesitar ayuda.

Mientras tu negocio crece y tú necesitas recibir las llamadas de tres personas para tu equipo mientras simultáneamente desarrollas tu actividad personal, es un gasto de negocio necesario y una práctica que te asegura contar con algunas horas ininterrumpidas de trabajo en tu negocio, al menos durante algunos días de la semana. Si los horarios de tus hijos no permiten esto, debes crear el tiempo.

Incluso si tus hijos ya van al colegio, igual querrás estar segura de que tienes un par de niñeras disponibles de modo de que puedas aprovechar las oportunidades de construir tu negocio que te requieran ir a un evento por la noche o a un entrenamiento los sábados. O para poder ir al gimnasio. O a una salida de noche. Esto no es signo de flaqueza o de abandonar a los niños. Es un modo de llevar inteligentemente adelante tu negocio y de vivir inteligentemente. Nuestras niñeras fueron imprescindibles para el crecimiento del negocio y la preservación de mi salud mental.

Por otra parte, no tenía sentido que yo pasase mi valioso tiempo limpiando la casa cuando podía pagar a alguien 20 USD por hora para hacerlo. Yo no ganaba mucho cuando contratamos a nuestra primera señora de limpieza. Pero lo consideré un gasto del negocio. Recuerda, ya había calculado que mi hora de trabajo valía 962 USD. De hecho, cualquier cosa que pudiese liberar mi tiempo de hacer las cosas que otra podía hacer, como limpiar, lavar y planchar la ropa, y cocinar, me permitiría pasar más tiempo en el negocio que pudiese darnos libertad. Traté esto como un negocio e invertí parte de mis ganancias en crear más tiempo, de modo de poder ganar más dinero. Y funcionó.

Es por eso que, constantemente, digo a nuestro equipo: "Está bien que las ganancias netas que lleves a tu casa a través de tu negocio sean más bajas hoy para que tus ganancias brutas sean mayores el día de mañana". Considera el costo de las limpiadoras de casa, de la comida preparada y el cuidado de los niños como gastos del negocio (aunque no puedas deducirlos en tus impuestos si correspondiese) porque estas inversiones en tu negocio te darán un rédito exponencial.

Di que sí a tu desarrollo personal.

Espero que a esta altura hayas aprendido que tu negocio muy posiblemente tendrá éxito o fracasará, según lo que tú tengas entre las orejas. Es por eso que es esencial que pases algún tiempo todos los días llenando tu cerebro con cosas positivas y esclarecedoras que te ayuden a ser mejor. Si todavía no lo has hecho, comprométete a dedicarte diariamente a tu desarrollo personal. Es una parte crucial para hacer crecer tu negocio y para que tú crezcas como ser humano.

El desafío que he encontrado para encarar mi desarrollo personal es que cuando todo se complica y estoy ocupadísima, es la primera cosa a la que renuncio. Pero, es la cosa que preciso más y hacerla. Ya sea que leas cinco páginas antes de colapsar a la noche o un libro en audio que escuchas mientras estás caminando o lavando los platos o maquillándote (adoro esos Multiplicadores). Solo hazlo todos los días.

Encuentro gran sabiduría e inspiración en los libros acerca de nuestra profesión, los libros de negocios, autobiografías, artículos y libros de autoayuda de todo tipo. Haz del desarrollo personal una parte de la cultura de tu equipo. Habla acerca de recursos en las charlas de entrenamiento, en los correos al equipo o en las páginas del grupo en Facebook. Ofrece tus libros favoritos como regalos de agradecimiento o incentivos. Haz un libro-del-mes con tu equipo y, al final de mes, organiza una reunión, en persona o virtual, para discutir qué conclusiones sacaron del libro y cómo aplicarlas al negocio y a sus vidas.

Di que sí al ejercicio.

No me importa si es una caminata de diez minutos dos veces por día mientras estás haciendo una llamada de tres personas o escuchando algo para tu desarrollo personal, o con un vídeo de 25 minutos antes de que los demás se despierten en tu casa. Tienes que hacer del ejercicio una parte de tus actividades semanales. Te ayudará a tener mayor claridad mental, a manejar mejor el estrés, a aumentar tu sistema inmune y tu energía y te mantendrá alejada de aumentar los típicos siete kilos que es común aumentar durante el primer año o dos de un nuevo negocio. Créeme, de lo último que te quieres preocupar justo antes de tu Convención de Gala o del fabuloso viaje de incentivo que te has ganado, es si vas a entrar en tu vestido de fiesta o en tu traje de baño. ¡Y nadie tiene tiempo para eso! Además, cuando estamos fuertes y sanas físicamente, tenemos más confianza en nosotras mismas. Y eso nos hace más atractivas y magnéticas. Y eso nos ayuda a atraer a la gente que va a correr con nosotros. Yo hago varias formas de ejercicio seis días por semana que me mantienen fuerte, enfocada, energizada y saludable. Sé que mi empeño en mover mi cuerpo ha contribuido enormemente a mi negocio. Si piensas que no tienes tiempo, te insto a reformularte ese pensamiento. No puedes permitirte no hacer ejercicios.

Di que sí a un tiempo de inactividad.

Cuando estás construyendo un negocio propio—cualquier negocio, pero por cierto en el de red de mercadeo—existe una presión (real o auto-impuesta) para estar siempre haciendo algo para adelantar el desarrollo de tu negocio. Agrega a eso un empleo diario, un par de niños, trabajo como voluntaria, y no es sorpresa que nos sintamos teniendo la obligación de ser productivas todo el tiempo. Estoy aquí para decirte que, en un negocio en el que debemos ser magnéticas, pacientes y resistentes, un tiempo de inactividad es esencial.

La investigación científica muestra que el cerebro en descanso, en realidad está reponiendo sus reservas de atención, motivación, productividad y creatividad. Esas son las precisas cualidades que nos permiten trabajar, así que debes asegurarte de tener una amplia provisión de ellas ya que es crucial para nuestro éxito personal y profesional. La investigación también demuestra que la gente que tiene períodos de inactividad regulares, se siente más satisfecha con su trabajo y mejoran los resultados en sus trabajos. [Jabr, F. (2013). "Why Your Brain Needs More Downtime", Scientific American.]

> En un negocio en el que debemos ser magnéticas, pacientes y resistentes, un tiempo de inactividad es esencial.

No precisas pasar una tonelada de tiempo haciendo esto para ver los resultados. La investigación realizada por el psicólogo organizacional Almuth McDowall en la Universidad Birkbeck de Londres, muestra que lo importante no es cuánto tiempo pasas recargando tus baterías sino que pases tu tiempo haciendo algo que quieras hacer. Tomar una clase de yoga, hacerte un tiempo para leer tranquila, escribir en tu diario mientras saboreas una taza de té. Es la calidad, no la cantidad, lo que cuenta.

He visto a muchas socias en el negocio—yo incluida—ignorar nuestra necesidad personal de quietud, frivolidad y placer, pensando que si estamos en constante movimiento, constante actividad, esto hará una diferencia. Pero, si no nos ponemos primero nuestra propia máscara de oxígeno, ¿cómo podremos ayudar a otras? Para mí, la máscara de oxígeno está en 10-20 minutos diarios de respiración tranquila, una espléndida siesta por semana, y un par de horas por semana de indulgente televisión. Cuando estas cosas no suceden, lo siento de verdad y también lo perciben las personas de mi casa.

Si estás trabajando inteligentemente, aumentando la eficiencia de tu negocio, tendrás tiempo para tu tiempo de inactividad. Te sentirás mejor y más en control de tu agenda y de tu vida. Tu negocio crecerá. No es que no tengas tiempo para tu tiempo de inactividad. En serio. Es que estás dando tu tiempo a cosas que te absorben, incluyendo los "debería", y estás gastando ese tiempo de actividad que tienes en cosas que no disfrutas. Y entonces, no te estás recargando.

La inactividad no puede ser trabajo. Un montón de personas en nuestra profesión piensan que están en un período de inactividad, cuando en realidad están haciendo algún tipo de trabajo y no recargándose. En nuestra profesión, mirar las redes sociales no es tiempo de ocio inactivo, porque eso es parte de nuestro trabajo.

Comprendo perfectamente la atracción constante de las redes sociales, en especial de Facebook. Mucho de ella está enraizado en el miedo de perderse algo. Tememos perdernos la gran entrada de una colega que podemos usar para promocionarnos nosotras. Tememos perdernos el mensaje de una candidata que está en nuestro embudo. Tememos dejar de ser relevantes para nuestro público.

Y luego está el constante control que viene después que escribimos una entrada. ¿Cuántos "Me gusta" le han puesto? ¿Hay algún comentario que pueda aprovechar para conseguir contactos? Y así seguimos y seguimos.

> Comprendo perfectamente la atracción constante de las redes sociales, en especial de Facebook. Tememos dejar de ser relevantes para nuestro público.

Amo las redes sociales y admito ser suavemente adicta a ellas y sé que han sido una parte enorme para el crecimiento de mi negocio. Me ayudaron a conectarme con más personas para promover nuestro negocio y productos y han representado una parte indispensable en la comunicación de nuestro equipo. He hablado acerca de cómo disciplinar tu uso de las redes para tu negocio y de cómo eso no puede sustituir las interacciones fuera de línea y la construcción de las relaciones que se integran a este negocio, así que no insistiré con el tema.

Pero, cuando entreno acerca de las virtudes de tomarnos un tiempo para nosotras, están las que invariablemente responden que no tienen un tiempo para dedicar a eso. Esto puede ser verdad, pero primero les pido que monitoreen cuánto tiempo pasan navegando por Internet o desplazándose por Facebook. Les doy el deber que ahora te doy a ti:

Comienza a actuar

En los próximos siete días, escribe cada instancia en la que te encuentras con un poquito de tiempo en tus manos y comienzas a recorrer las redes sociales. Ya que te estás monitoreando a ti misma, seguramente informarás menos tiempo del que verdaderamente pasas. Pero la investigación puede darte una pista.

Los americanos pasan un promedio de dos horas por día recorriendo sus cuentas en las redes sociales (la mayor parte en Facebook); y en nuestra profesión, posiblemente sea más. [2013 Study, Ipsos Open Thinking Exchange] Porque las redes sociales son parte de nuestro trabajo, ¿cómo podría esto ser un relajado tiempo de inactividad que nos recargue y llene nuestras almas? Entonces, ¡deja de usar las redes como un tiempo de inactividad!

¿Qué es lo que amas hacer? ¿Qué alimenta tu alma, qué aclara tu mente, qué pone una sonrisa en tu rostro? Si ya has hecho toda la purga que te he sugerido en estas páginas, sé que puedes encontrar el tiempo para esparcir las inactividades placenteras a lo largo de tu semana.

Comienza tu día del modo correcto.

Cuando nos levantamos, debemos alimentarnos a nosotras mismas antes de comenzar a alimentar a alguien más, incluyendo a nuestro negocio. Y no estoy hablando de comida.

Cuando mi negocio comenzó a crecer realmente, me levantaba e inmediatamente me ponía a revisar los correos, textos y Facebook para ver si no me había perdido algo mientras dormía. Esto se exacerbó cuando nos mudamos de la zona del horario de la montaña al Pacífico. Calculaba que, si podía responder a unos cuantos correos y responder algunas preguntas en nuestra página de equipo antes de que los niños se levantasen, estaría controlando mi día desde el inicio. Pero no lo estaba. Era exactamente al revés. Estaba dejando que otra gente controlase mi día desde el inicio. No hay que sorprenderse de que me sintiese tratando de compensar el resto del día. No me había tomado el tiempo de registrar cómo estaba yo.

Lo bonito de esto es que cada una de nosotras decide cómo debe comenzar su día. Yo voto por que el mío comience con agradecimiento, positividad e inspiración.

En primer lugar, si usas tu teléfono celular como reloj de alarma, deja de hacerlo. Deja ese maldito artefacto en algún lugar donde no lo veas cuando te despiertas—hasta que hayas terminado de comenzar tu día a tu manera. Si no lo haces, apenas lo toques para apagar la alarma, estarás tentada de mirar tus correos, textos y las redes sociales. Desde el momento en que despiertas, estarás en modo reactivo.

Me gusta tener mi ritual mañanero porque establece el tono para mi día entero. Cuando me lo pierdo, realmente lo extraño. Mi ritual mañanero es que, apenas abro los ojos, pienso en una cosa por la cual me siento agradecida. Luego, mentalmente me propongo mi intención para el día. No se trata de una revisión de mi lista de cosas para hacer, sino de cómo quiero vivir el día. Por ejemplo, esta mañana mi intención fue Paz. Sabía que tenía que ocuparme de un montón de cosas y que algunas de ellas iban a desorganizar mis horarios. Entonces, me propuse intentar permanecer en paz todo el tiempo.

Piensa acerca de lo que puedes comenzar a hacer cada mañana para captar unos pocos minutos para ti, para establecer el tono de tu día. Ahora, hazlo durante tres semanas sin excepción. Te lo prometo, ¡te encantará!

Desconéctate.

Esto fue algo realmente difícil para mí en los primeros años, pero es muy necesario poder fijar horarios en los que nos desconectemos completamente de nuestro trabajo y tecnología—diariamente, semanalmente y por períodos más largos cada año. La investigación muestra

> Desconectarse lleva a una mayor productividad y, en realidad, ayuda a tu equipo a desarrollar sus propias destrezas y liderazgo.

que desconectarse lleva a una mayor productividad y, en realidad, ayuda a tu equipo a desarrollar sus propias destrezas y liderazgo.

Un estudio realizado por la profesora Leslie Perlow de la Harvard Business School, cuestionó la idea de que los empleados tienen que estar siempre disponibles para hacer un buen trabajo. Los hallazgos de Perlow, resumidos en un artículo reciente en la Harvard Business Review, involucraban consultores en Boston Consulting Group (BCG)—una compañía conocida por su personal motivadísimo, ambicioso y muy concentrado en la carrera. [Perlow, L. & Porter, J. "Making Time Off Predictable—and Required". Harvard Business Review.] No somos empleados, pero sus descubrimientos son aplicables a las emprendedoras llave en mano como nosotras, que armamos y conducimos equipos.

Uno de sus experimentos involucraba un equipo trabajando en un proyecto para un nuevo cliente y se requería que cada uno de los empleados se tomase un día entero libre por semana. En un segundo experimento, que involucraba a un equipo trabajando en un proyecto de reestructuración post-fusión, ella ordenó que cada consultor se tomase una tarde planificada cada semana, durante la cual el empleado no podía trabajar pasadas las 6 de la tarde, ni siquiera para controlar sus correos electrónicos.

Encontró que los participantes que tenían un tiempo de inactividad regular informaban una mayor satisfacción con su trabajo, aumentaban su convicción de que su carrera en la compañía sería larga y tenían un mejor equilibrio entre vida y trabajo comparados con los empleados de BCG que no habían participado en los experimentos. El trabajo de aquellos que habían participado se benefició. Los experimentos devengaron en una mayor y más abierta comunicación entre los miembros de los equipos, lo que originó nuevas eficacias en cómo los participantes entregaban los proyectos. Adicionalmente, Perlow encontró que, como los colegas no estaban disponibles todo el tiempo, obligaba a los trabajadores a comprender mejor el trabajo de los otros, adquirir nuevas destrezas y solucionar problemas.

Igual que como los sujetos de los experimentos de Perlow, todas precisamos un tiempo en el que desconectarnos completamente. Esto quiere decir, desconectar nuestros teléfonos por un cierto tiempo cada día de modo que podamos estar presentes en otra cosa que no sea nuestro trabajo. Yo hago esto durante el horario de deberes de los niños y a la hora de la cena, de modo que mis niños sepan que cuentan con mi completa atención. Dos noches por semana, después de acostar a los niños, desconecto mi teléfono para que John tenga mi completa atención. Es también importante desconectarse del trabajo un día por semana. Comprendo que si estás trabajando en tu negocio paralelamente a un empleo, te parecerá imposible tomarte un día entero y aun así completar las APIs que precisas. Pero, te insisto en que uses tu tiempo de construir tu negocio en verdaderas APIs y practiques las técnicas de eficiencia que te he enseñado. Quiero apostar a que, en realidad, estás en condiciones de desconectarte completamente un día a la semana y atacar los otros seis con más brío y eficiencia.

También creo firmemente en desconectarse del negocio por unos cuantos días una o dos veces al año. Incluso si estamos practicando rutinariamente actividades de ocio y desconectándonos regularmente, el cuerpo y la mente humanos precisan vacaciones para evitar el agotamiento total y para ser capaces de ofrecer lo mejor de nosotros a nuestro negocio y vida personal, el resto del año. Por otra parte, una vacación no es una verdadera vacación, si sigues trabajando mientras dura.

Además, no eres la única que precisa que tú te tomes vacaciones. Tu equipo precisa ver que lo haces. Todo se duplica y tú quieres que ellas dupliquen el equilibrio entre el trabajo, sus familias, y el auto-cuidado. Tus hijos también necesitan ver esto. ¿Cómo podemos criar niños cuyas mentes no estén siempre en sus dispositivos, que sepan cómo estar plenamente presentes y tener conversaciones verdaderas mirando a otro humano a los ojos, si no les estamos dando el ejemplo? No podemos jamás pedir a nuestros equipos que hagan cosas que no estamos dispuestas a hacer. Lo mismo se aplica con nuestros hijos. Enseñemos a nuestros niños a trabajar duro—de un modo eficiente y concentrado—y también a disfrutar del resto en sus vidas.

¿Todavía no te has convencido de que puedes desconectarte? Solo prueba durante un mes. Si estás haciendo todo lo demás que deberías hacer durante tus días, semanas y año, entonces el desconectarte para calmar tu alma te ayudará a mejorar tu salud, felicidad y tus finanzas.

Festeja las pequeñas victorias.

Acostúmbrate a premiarte por el esfuerzo—la actividad—y no por el resultado. Todas hacemos cosas cada día que representan pequeñas victorias pero, desdichadamente, no las reconocemos. Hacer llamadas a cinco personas nuevas. Contactar a la persona que más nos asusta en la lista cobarde. Tener una conversación franca con tu socia en el negocio acerca de sus metas y falta de actividad para alcanzarlas, aunque sea realmente incómodo. Son las pequeñas victorias las que conducen a las grandes y festejar y premiarnos por esos éxitos a lo largo del camino nos mantendrá motivadas para seguir persiguiendo las grandes y audaces metas. Cuando haces del reconocer

> Son las pequeñas victorias las que conducen a las grandes.

y celebrar las pequeñas victorias parte de la cultura de tu equipo, se producirá una gran diferencia en el nivel de confianza en sí mismas de las integrantes de tu equipo. Si tienes hijos, te aliento a que festejes las pequeñas victorias—las tuyas y también las de tus hijos.

Construir un negocio de seis o siete cifras es difícil. Requiere coraje, disciplina, agallas, visión y un gran par de cojones. Algunos días sentirás que estás fracasando miserablemente y que nunca llegarás adonde quieres estar. Pero, soy la prueba viviente de que puedes y de que lo harás. Lleva tiempo. Así que, además de ser amable contigo, practica ser paciente. Eso no quiere decir que seas complaciente o que no ataques tu negocio todos los días con compromiso y entusiasmo. Pero, aunque tienes un completo control sobre lo que es tu API personal, no tienes control sobre el juego de tus números personales o cuándo las corredoras se unirán a tu equipo. Amo lo que dice Warren Buffet: "No importa cuán grandes sean el talento y los esfuerzos, algunas cosas simplemente llevan tiempo. No puedes producir un bebé en un mes con nueve mujeres embarazadas". Sé paciente. Sucederá.

Sé buena contigo.

Tendrás días en los que todo se va al demonio. Tus planes mejor pensados para la productividad, cuidado de ti misma, API exitosa, se caerán. Vas a estropear tus llamadas a las candidatas. Enojarás a una de las integrantes de tu equipo (créeme en esto). Pero, cuando lo hagas, date un respiro. Trátate con compasión y bondad. Ninguna de nosotras puede jamás pedirse a sí misma hacer lo mejor en cada momento. Y algunos días, lo mejor que podrás, será mediocre o verdaderamente malo. Está bien. Eres una obra en proceso, como el resto de nosotras. Reconócelo, aprende de esto y sigue adelante.

Seamos muy honestas con esto. Mientras estás ascendiendo trabajosamente la montaña hacia tus metas e incluso cuando hayas llegado a la cima como lo he hecho yo, no vas a tener todo, todo el tiempo. Es por eso que debes hacer todo lo posible para cuidarte en el camino.

> **Tendrás días en los que todo se va al demonio. Trátate con compasión y bondad.**

Pero, algunos días, sí lo tienes todo al mismo tiempo. Mis días de tenerlo todo son algo así: hago una buena gimnasia, un gran trabajo muy productivo, almuerzo y manicura con una amiga querida, mirar a Bebe en su clase de danza, conversación "profunda" con Nate acerca de sus metas, bañar y abrazar a nuestra hija de cuatro patas, hablar frente a 450 personas que quieren tener sueños más grandes, una cita tarde a la noche con John y nuestros mejores amigos para festejar las últimas historias de éxito de nuestro equipo, luego abrazarme a mi muchacho mientras los dos entramos en el reino de los sueños. Tu día perfecto puede ser totalmente diferente. Hasta que no construyas un gran negocio autosuficiente y seas capaz de dejar tu empleo, estos días serán pocos. Pero suceden. Y cuando suceden, es algo mágico.

No te convenzas de que no pareces ser capaz de tener todo y hacer todo. Crear un gran negocio requiere sacrificios. Tienes que ordenar las prioridades en tu tiempo. Cuidarte a ti misma tiene que ser parte de tus prioridades. Porque TÚ eres la más importante integrante de tu equipo.

Capítulo 15

Es un asunto de familia

Es imposible construir este negocio en el vacío. Quieres que tu pareja no solo sepa y comprenda tu negocio, sino que sea también tu mayor entusiasta animador/a. Quiero ayudarte a involucrar a tu familia en el negocio y atravesar el campo minado donde las minas puedan explotar. Aun si no estás dentro de una relación comprometida o no tienes niños, es importante entender este asunto, porque tendrás integrantes en tu equipo que deberán aprender cómo involucrar sus familias en sus negocios. A pesar de que me encanta que hoy las familias vengan en toda clase de formas y tamaños, el resto de este capítulo utilizaré el término "marido" o "esposo" como el término que abarca todo tipo de pareja, marido, esposa, novio o novia en serio o cualquiera que limite tu libertad, para evitar el palabrerío al tener que incluir todos los géneros, o crear confusión alternando.

Cuéntales su QUEAPE

Tu negocio afectará a tu marido e hijos en modos que serán para ellos incómodos, inconvenientes, amenazantes o enojosos. Confía en mí: esto es inevitable. Si saben no solo POR QUÉ estás construyendo tu negocio, pero también qué hay en él para ellos, les será más fácil aceptar tu nueva normalidad y tu negocio lateral.

Este negocio representa un gran cambio para tu pareja y necesitas reconocer esto. No importa cuán ocupada hayas estado antes, has agregado algo nuevo a tus obligaciones que significa menos tiempo para otras cosas, incluyendo a tu pareja.

> Quieres que tu pareja no solo sepa y comprenda tu negocio, sino que sea también tu mayor entusiasta animador/a.

Tu marido puede tener que hacerse cargo de más responsabilidades en la familia o en el hogar. Puede tener menos atención, menos sexo inclusive. Por lo tanto, es imperativo que tu pareja no solo comprenda POR QUÉ estás construyendo tu negocio, sino qué va a ganar con esto.

Si tu marido tiene a su cargo la responsabilidad de ser el principal proveedor y quieres ganar más dinero para pagar los gastos de la casa, dile entonces que te estás comprometiendo a liberarlo de parte del peso financiero con el que carga para reducir su estrés. Si quieres construir una estrategia de salida de tu empleo diario, explícale que quieres poder dejar tu trabajo para tener más alegría y energía para él y los niños. Si quieres crear un fondo de vacaciones más grande y a tu marido le gusta el golf, explícale que quieres poder pagar vacaciones más lujosas que incluyan tiempo en el campo de golf para él. Comprendes la idea.

Recuerda que lo que está aquí para tu esposo, debe ser algo que sepas que él realmente desea. Solo porque conoces historias de mujeres que ayudan a que sus maridos se retiren de sus trabajos, no creas que el tuyo quiere dejar su carrera, a menos que él te lo haya comunicado. Si tu esposo ama lo que hace, quizá se ofenda si lo pones en esa categoría. Busca en cambio razones que le gusten de verdad.

Cuando él comprenda que se beneficia por lo que tu negocio puede proveer para todos, es más posible tener conversaciones positivas y productivas—tal como los encuentros semanales de tráfico que les sugerí a ambos hacer en el Capítulo

13 y hablar acerca de contratar a la ayuda que precisas para usar mejor tu tiempo (tema cubierto en el último capítulo). También le simplificará compartir con sus amigos cómo tu negocio lo ayuda o ayudará a eliminar algo de su dolor y cómo eso también podría ser algo bueno para ellos, si sus mujeres se involucrasen en el mismo negocio.

No importa la edad que tengan tus hijos—desde muy pequeños a adolescentes—estarán afectados por tu negocio. Es posible que tengan que acostumbrarse a que tú no estés siempre disponible cuando te requieran o tener que callarse la boca mientras tú estás en el teléfono o incluso que te pierdas su cumpleaños de diez por culpa de la conferencia nacional de la compañía (Nate todavía me lo reprocha cuando quiere hacerme sentir bien culpable). Ayúdalos a comprender el QUEAPE de modo que ayuden y sean más colaboradores y flexibles.

Cuánto más pequeños sean tus niños, más inmediata deberá ser la gratificación que el QUEAPE les provea. Si estás tratando de dejar tu empleo diario, el QUEAPE podría ser: "Tengo que trabajar mucho para que mi negocio sea tan grande que no tenga que ir al otro empleo que me hace enojar tanto y no me deja ser tan divertida. ¿Te gustaría que yo estuviese más contenta y me riese más?"¿Qué niño diría que no a eso? En la medida en que tus chicos sean mayores, el QUEAPE puede estar más lejos en el futuro. Si lo que quieres es juntar fondos para la universidad, explícale que estás trabajando en este negocio para que ellos puedan tener más opciones acerca de dónde ir.

> No importa la edad que tengan tus hijos, estarán afectados por tu negocio. Ayúdalos a comprender el QUEAPE de modo que ayuden y sean más colaboradores y flexibles.

Cuando comencé mi negocio y Nate era un preescolar, le expliqué que tenía que trabajar en mi otro negocio mientras él jugaba tranquilo de modo que pudiéramos vernos y abrazarnos cuando quisiéramos, en vez de que yo fuese a una oficina todos los días. Cuando comenzaron a participar en actividades deportivas y de otro tipo y proclamaban su amor por las artes marciales o las clases de danza, aprovechaba cada ocasión para recordarles que estaba trabajando tanto en mi negocio para poder pagar por esas actividades. Cuando no estaba en casa para acostar a los chicos cada noche por los eventos o cuando tenía que viajar para desarrollar otros mercados, le explicaba a los niños cuáles eran las metas de nuestra familia y cómo yo tenía que trabajar para cumplirlas. Nate y Bebe nacieron ambos con un gran amor por los viajes, así que usar las metas de vacaciones para entusiasmarlos, funcionó como magia a lo largo de los años.

También hemos averiguado los PORQUÉ de la familia a lo largo de los años, usando un tablero de metas de la familia. Quizá ya has sido entrenada sobre cómo hacer tableros de metas personales con un collage de fotos que manifiesten para qué estás construyendo tu negocio. Este es un ejercicio poderoso para hacer sola y con tus equipos, especialmente si mantienes tu tablero de metas en un lugar muy visible. Es igualmente un ejercicio poderoso para hacer en familia. Enseña a tus niños una práctica valiosa que podrán usar durante sus vidas y tener un tablero de metas hace más fácil para todos lograr los ajustes y sacrificios que se requieren.

Recluta a tu esposo.

No estoy sugiriendo que traigas a tu esposo a tu negocio como un constructor, aunque esto podría pasar. Estoy hablando acerca de asegurarte de que tu muchacho tiene una comprensión básica de tu compañía e involucrarlo en las partes del negocio que lo afectan. Es por este motivo que la primera llamada de tres personas que deberías hacer con tu patrocinadora, incluso antes de tus llamadas de Listas de Tierra, es una con tu esposo. Quieres que él sea tu principal animador, que use los productos o servicios que tú ahora representas y que sea una fuente de recomendaciones para ti. Esta llamada es una valiosa oportunidad para estar segura de que tu esposo comprende el negocio, para que haga preguntas acerca de preocupaciones que tenga y que no haya formulado mientras tú considerabas el negocio, y educarlo acerca de qué útil será si, en las próximas semanas, él te ayuda a agregar gente a tu lista de candidatas con gente que él conozca.

> La primera llamada de tres personas que deberías hacer con tu patrocinadora, es una con tu esposo.

También te incito a compartir información que encuentres apasionante y convincente, no solo cuando recién has comenzado el negocio, sino durante toda tu carrera. Pregunta a tu esposo si le parece bien que compartas con él tus desafíos, explicándole que no le estás pidiendo que arregle nada (porque ese es el movimiento reflejo de cualquier hombre) pero que precisas desahogarte y recibir apoyo moral. También pregúntale si le gustaría oír acerca de las grandes y pequeñas victorias de tu equipo. Eso lo ayudará a ser parte de tu negocio y de tu visión.

Otra parte importante al reclutar a tu esposo, es establecer encuentros de rutina para hablar de horarios, agendas, malabarismos y cómo se pueden ayudar el uno al otro a hacer todas las cosas que precisan hacer. Recuerda, en los comienzos, tu nuevo negocio puede agregarle más obligaciones y eso puede resultarle incómodo. Estos encuentros mensuales de negocio—y los animo a ambos a pensarlos como citas de negocio—pueden ser algo diferente en tu matrimonio, pero son esenciales. Ya que la vida cambia y los horarios de los niños y las exigencias del empleo diario crecen en su flujo, tus citas mensuales podrán ordenar la fluida naturaleza de sus vidas.

Cada uno de ustedes debería ir a esos encuentros con sus agendas. Y tener una conversación honesta acerca de lo que cada uno puede mover para ayudar al otro. Estos encuentros deberían cubrir no solo los pormenores semanales en la administración de la familia, pero también intercambiar ideas acerca de estrategias a más largo plazo que liberen más tiempo para cada uno de ustedes.

Por ejemplo, en uno de estos encuentros, puedes decidir qué estás dispuesta a canjear las salidas de noche caras que incluyen una niñera, por noches de ver películas en casa con comida comprada hecha mientras los niños juegan en lo del vecino, y que eso les permitirá pagar una señora que limpie la casa dos veces al mes para liberarlos a ambos de mucho del trabajo hogareño. Estos encuentros se deben hacer cuando no sean interrumpidos por niños, teléfonos y otras distracciones. Y tienen que ser sagrados—es decir, que no los canceles. Tienen que llevarse a cabo. Más aún, si los tienen cuando están afuera comiendo, ¿adivina qué? Estás en una reunión de negocios, por lo tanto, ¡apta para un descuento impositivo! (Descargo de responsabilidad: no soy contadora así que para consejo en descuentos aplicables, consulta con tu consejero de impuestos).

Además de los encuentros mensuales, están los encuentros de tráfico semanal de 10 a 15 minutos que les ayudarán a ordenarse para la semana. Estos ayudan a reducir las sorpresas y frustraciones que provienen de no comprender las agendas del otro o de olvidar compromisos.

John y yo hemos estado haciendo nuestros encuentros mensuales y nuestros encuentros de tráfico semanal durante años. Además de ayudarme a mí a crecer más rápido y hacer más fáciles las vidas nuestras y de nuestra familia, nos han conducido a un beneficio colateral muy importante para nuestro matrimonio. Aunque este sea tu negocio y tu marido tenga su profesión, trabajar juntos de este modo para combinar todo, los acerca y hace que cada uno se sienta parte de la vida y del éxito del otro. Aunque John no estaba allí, buscando candidatas en mi lugar o conduciendo entrenamientos durante los cuatro primeros años, sabe que mis éxitos eran también de él porque vio—y yo se lo recordaba constantemente—que él había tenido un gran impacto en lo que yo estaba construyendo.

Aprovecha la red de tu esposo.

Como tú, tu esposo tiene una red. Gente en su red podría llegar a ser tu socia en el negocio, tu cliente o conector a una gran constructora. Él está sentado sobre una potencial mina de oro y precisa comprenderlo. Cuánto más aproveche su red, más rápido crecerás tú. En tanto que John era increíblemente útil en mi negocio de otros modos, no aprovechó su red durante los primeros años. Ahora admite rápidamente que eso fue un gran error, y se patea por no haber conectado a su gente desde el comienzo para ayudarnos a crecer más rápido.

Pide a tu esposo que se siente y haga una lista de toda la gente que él conoce que tenga alguna influencia, sea exitosa, conozca mucha gente, tenga una personalidad magnética, esté entre dos trabajos

> Tu esposo está sentado sobre una potencial mina de oro y precisa comprenderlo. Cuánto más aproveche su red, más rápido crecerás tú.

o tenga una esposa. Exactamente como tú, tu esposo no puede prejuzgar cómo cree que encajarán o no con el negocio. Como tú, una vez que se acostumbre a pensar en personas, comenzará a recordar a otras en cualquier momento inesperado. Anímalo a que capte esos nombres en su teléfono o en una libreta para agregarlos después a su lista. Acostúmbrate a pedirle que pase quince minutos agregando nombres a su lista. Sírvele una copa de vino o una cerveza y hazle un espacio para que rastrille su memoria, los amigos de Facebook, los álbumes escolares y universitarios y el teléfono.

Una vez que haya hecho la lista, entonces tienen que averiguar entre los dos la mejor manera de contactar a cada una de esas personas. No hay un único modo, igual para todos, para hacer esto. Mucho depende del tipo de relación de tu esposo con el contacto.

En frecuentes encuentros cortos (John y yo agregamos cinco minutos a los encuentros semanales de tráfico), hablamos de la gente en su lista, trabajando con grupos de 10 a 20 por vez. Hay personas con las que tu esposo se sentirá más cómodo simplemente dándote su información de contacto. Cuando llames a esa persona, comenzarás diciendo, por ejemplo: "John sugirió que te llamase para consultarte acerca de gente para mi negocio, ya que estás tan bien conectado en Boston". Hay otros que pueden requerir un rápido precalentamiento antes de plantear nada, tal como una llamada telefónica o un correo electrónico de tu esposo diciendo algo así como: "El negocio de mi esposa se está expandiendo a Seattle y le dije que pensaba que serías un gran recurso ya que estás tan bien conectada allí. Me gustaría conectarlas a las dos, así ella te puede contar qué está buscando. ¿Puedo darle tu número de teléfono? ¿Cuál es el mejor horario del día para que ella te llame?".

O quizá la esposa de uno de los contactos de tu esposo debería oír acerca de tu negocio. Tu esposo puede llamarlo o enviarle un correo y decirle: "Jack, el negocio de mi esposa está realmente andando muy bien. Acaba de terminar de pagar nuestra hipoteca/ cubrir todas las actividades de los niños/ pagará las vacaciones de la familia este año, y creo que Judy quizá quiera echar un vistazo al negocio. Quién sabe, puede querer ganar una buena suma de dinero y divertirse mientras lo hace. ¿Cómo es el mejor modo de que ellas se conecten? ¿Por teléfono o correo electrónico?".

Tu esposo no precisa saber más que esto. Si le hacen preguntas que no puede contestar, debe simplemente decir: "Mi esposa tiene toda la información. Conectemos a las dos". Puedes incluso descubrir, como me pasó con John, que a tu esposo le divierte llamar a la gente y quiera comprender mejor cómo hablar acerca de tu historia y tu negocio. Muchos esposos activos en nuestro equipo se involucraron de este modo. Es una doble ganancia, ayudándolos a llegar a QUEAPE más pronto.

Cómo tratar a un esposo no muy solidario.

Tal vez tu esposo, como el mío, vio lo que tú viste en esta oportunidad y fue totalmente solidario cuando tú comenzaste tu negocio. Me siento eternamente agradecida porque, cuando comencé mi negocio, John reconoció que la mejor manera en que podría ayudarme sería compartiendo muchos de los roles que los hombres en la generación de nuestros padres simplemente no hubiesen considerado. Unas cuantas noches por semana, cocinaba. Repartíamos las obligaciones del lavado y planchado y de la limpieza y luego, cuando resultó claro que nuestro tiempo estaba mejor usado trabajando en nuestros respectivos negocios y estando disponibles para los niños, usamos parte de mis ganancias para pagar por una limpieza semanal de la casa. Él hizo, sin mí, algunas de las rutinas de la hora de dormir de modo que yo pudiese ir a eventos o hacer llamadas. Incluso con su demandante práctica médica, construyendo su propio emprendimiento, escribiendo libros y tratando de dormir, me ayudó en todos los modos que podía.

Desearía que todas ustedes tuviesen el mismo apoyo. Pero, sé por muchas de las integrantes de mi equipo que no todos los esposos son solidarios. Tal vez, el tuyo está tratando de aprovechar cuanta oportunidad se le presenta para ser, digamos, menos que solidario. No quiero simular que comprendo cómo una se puede sentir o qué difícil debe ser tener que hacer todo el trabajo pesado que este negocio requiere, sin tener a tu socio más importante de tu lado. Me gustaría garantizarte que él va a cambiar, pero no puedo.

Solo sabe que algunos esposos sí cambian. Nuestra querida amiga y socia en el negocio, Jamie Petersen, no tuvo el completo apoyo de su esposo Bret cuando ella comenzó. Bret no creía que este fuese un negocio en serio. Como un gran trabajador en consultoría financiera, le fastidiaba volver a casa después de un largo día de trabajo y que Jamie tuviese que ir a un evento de negocios, dejándolo solo con dos niños pequeños. Al comienzo, no estaba conforme con el ritmo de crecimiento del negocio, considerando el tiempo que Jamie invertía en él y no se daba cuenta de qué había allí para él y su familia a largo plazo. Estaba, en cambio, concentrado en cómo todo esto no le convenía. Pero Jamie, cuya carrera previa había sido en el mercado bursátil, conocía el potencial y sabía qué tenía que hacer para crear el vehículo financiero que quería para su familia.

Una vez que Bret empezó a ver que llegaba dinero grande y a observar la trayectoria de crecimiento, el negocio obtuvo su atención. El antes disgustado y molesto marido, se transformó en el mayor y entusiasta animador y a ser un catalizador para lograr que los maridos en el equipo entero se involucraran más. Hoy están disfrutando de un negocio de siete cifras. Mientras Bret mantiene su propia carrera que ama, también enseña a los maridos en su equipo acerca de cómo ayudar a las mujeres a crecer más rápido y hace eventos sobre cómo construir negocios. Ahora hace todo lo que puede para ser el socio 50-50 en el total de sus vidas, que ahora incluye tres adorables y muy activos niños.

A veces lleva más tiempo para que los esposos cambien y cedan. Recuerdo haber tenido que consolar a una sollozante socia en el negocio durante un viaje de incentivo, después que ella tuviese una más de las conversaciones angustiantes con su marido que había quedado en casa con su pequeña niña. Su marido se quejaba cada vez que ella tenía que dejarle a la hija en común a causa de su negocio y esto la estaba destrozando. Esto sucedía incluso después que ella hubiese alcanzado un gran éxito con su negocio y hubiese sido capaz de dejar su carrera. Ella no permitió que esto descarrilase sus metas y se mantuvo comprometida con su visión de pagar las deudas de la familia y dejar su empleo para poder ser una mamá que se quedase en casa. Me siento muy orgullosa de que mi fuerte amiga no dejó que las cuestiones de su marido descarrilasen sus metas mientras construía lo que se ha convertido en un negocio de siete cifras y ha establecido un fondo para becas. Su marido eventualmente la apoyó, aceptando las oportunidades que tenia de construir un vínculo más sólido con su hija y acompañando a su mujer a los grandes eventos de la compañía y a los lujosos viajes de incentivo.

Mira, no hay garantía de que tu ahora cínico esposo verá la luz, comenzará a apoyarte y se comprometerá y te ayudará a construir tu negocio. Pero, sabe que muchas constructoras del negocio comenzaron sin el apoyo total de sus esposos y terminaron teniéndolos completamente de su lado. Puede ser que el dinero deba llegar durante un tiempo, hasta que el tuyo realmente pueda ver lo que el negocio puede darle a él y a la familia. Hasta que llegue ese momento, mantente concentrada en tu negocio, rodéate con tantas personas positivas como te sea posible y llena tu cabeza con desarrollo personal todos los días.

Haz que tus hijos sean parte del negocio.

Siempre traté de encontrar maneras de que los niños se sintiesen incluidos en el negocio. Y eso comenzó con referirme a él como "nuestro negocio" o "el negocio de la familia". Cuando los niños eran realmente muy pequeños, solía darles un teléfono de juguete y una computadora para que pudieran hacer su "trabajo" mientras yo hacía el mío. Es posible que sea por esto que algunas de las primeras palabras de Bebe fuesen "crema de ojos" y "péptidos". Les daba también pequeños trabajitos para ayudar al negocio de la familia, aunque no fuesen realmente algo útil, solo para que también fuesen dueños de los éxitos.

Esto incluía vaciar la papelera de mi oficina en casa, organizar las lapiceras, triturar papel y cualquier otra cosa que los divirtiese y los hiciese sentir potenciados y valiosos. En la medida en que los chicos fueron creciendo, sus contribuciones han sido más sustanciosas. Justo la semana pasada, Nate y Bebe me ayudaron a elegir las bonitas joyas que voy a dar como premio a las mejores participantes en una serie de entrenamientos que estoy haciendo para parte de nuestro equipo.

Este negocio ofrece una oportunidad que no tiene precio para enseñar a nuestros niños que es posible trabajar duro para obtener lo que quieres y, a la vez, ayudar a otros a obtener lo que ellos quieren. Una gran parte de esto es presentar a los niños a nuestro equipo. Siempre cuidé que ellos conociesen a nuestro equipo a través de las entradas de Facebook y de compartir información acerca de nuestras socias en el negocio, sus familias y sus éxitos. No solo saben cuándo estoy trabajando mucho para alcanzar una meta, sino también cuándo nuestras socias en el negocio están corriendo para ganar su auto, una promoción o un viaje. Esto nos ha llevado a nuestras amadas fiestas de baile de fin de mes, cuando ponemos música a todo lo que da y nos movemos al ritmo de cada gran anuncio.

También hemos involucrado a los niños en el agradecimiento al equipo, desde dibujar en los sobres de las tarjetas y paquetes, a montones de videos eligiendo los ganadores de incentivos y enviando felicitaciones por las promociones o viajes ganados. Porque es importante construir una cultura de equipo que se sienta como una familia, ha sido igualmente importante para el equipo conocer a Nate y Bebe.

De hecho, a los diez años, Nate fue el invitado más joven en nuestra llamada de equipo semanal. Con su éxito vendiendo flores de Navidad para la YMCA, mostró a nuestro equipo qué podía enseñarles acerca de proponerse metas y alcanzarlas y cómo mantener nuestro negocio brillantemente simple. Mostró gemas tal cómo porqué él no toma un "No" personalmente: "Y a mí que me importa. No soy una flor de Navidad". Fui una orgullosa mamá cuando los comentarios favorables de nuestra gente en todas partes de los Estados Unidos y Canadá, comenzaron a llegar, adjudicando a Nate el crédito de haberles abierto los ojos y descubrir grandes cosas. Algunas madres incluso pasaron la llamada a sus hijas Girl Scouts para que se preparasen a hacer algo semejante durante la tradicional época de vender galletitas. ¿Crees que esto aumentó la confianza en sí mismo de Nate y el sentimiento de ser dueño que tiene por nuestro negocio? No tienes idea de cuánto.

Este negocio me ha hecho una mejor esposa y mamá. Hizo de John un mejor socio en la vida. Hizo más fuerte a nuestro

> **Nuestros niños están creciendo en una familia que celebra el formularse metas, el trabajo duro, el compromiso, el trabajo en equipo, y el éxito de otros.**

matrimonio. Y nuestros niños están creciendo en una familia que celebra el formularse metas, el trabajo duro, el compromiso, el trabajo en equipo y el éxito de otros. Todo lo que esta profesión nos ha enseñado, se ha esparcido en nuestra paternidad y maternidad y en el desarrollo de las personalidades de Nate y Bebe. Es una de las más inesperadas y valiosas partes de este trabajo. Te deseo lo mismo para ti y tu familia.

CAPÍTULO 16

AL DIABLO CON EL MIEDO

Puedes leer cientos de libros fenomenales acerca de cómo construir tu negocio y espero que ahora ya pienses que este es uno de ellos. Puedes escuchar tantas llamadas de entrenamiento como puedas encontrar cada semana, aunque ya sabrás por qué terminantemente las desaconsejo. Podrás ser la socia directa en el negocio de la mayor superestrella en tu compañía. Podrás incluso comprender todos los pormenores de este simple, duplicable negocio. Aún con TODO ESO, todavía habrá algo que te impida alcanzar el éxito.

El miedo.

Esta pequeña palabrita de cinco letras tiene el poder destructivo de aniquilar todas tus intenciones. ¿Todas las historias falsas que te cuentas en tu cabeza? El miedo es lo que está detrás de ellas.

Y aquí van las malas noticias. Los humanos tenemos siempre miedo y no hay forma de escaparse de esto. Nunca olvidaré cuando John y yo asistimos al primer recital de danza de nuestra hija Bebe, por entonces de cinco años. Su pequeño ser, lleno de confianza, brincaba y se contoneaba junto a sus compañeros por todo el escenario. No recordaban todos los pasos. Por cierto, no brindaron una actuación perfecta. Pero bailaron con toda su alma, con un entusiasmo irrefrenable. Con pura alegría. Sin miedo. Sí, estaban muy orgullosos de los disfraces que llevaban, pero lo que verdaderamente me impresionó fue que eran pequeñas almitas al desnudo. Eran como Dios intentó que fuesen.

Ves, a su edad, todavía nadie les había dicho que no tienen un talento natural, o que no deberían intentar y bailar porque nunca serán uno de los pocos que llegan a Broadway. Nadie les dijo que no son lo suficientemente lindos. O suficientemente altos. O los suficientemente delgados. O que bailar no es un trabajo respetable. Y no tienen el registro de otras desilusiones o fracasos para aplastar su confianza. Están bailando al ritmo de la música, simplemente porque un día decidieron que querían bailar.

Avance rápido a un par de años después y la pasión de Bebe ha progresado hacia la troupe competitiva. El abandono sin cuidado ha sido ya reducido por un sistema que otorga rangos y juzga, que tiene ganadores y perdedores. Sus ensayos, tanto en el estudio como en su dormitorio, tienen una nueva observadora: la Falta de confianza en sí misma. Se pregunta: "¿Soy lo suficientemente buena?", "¿Puedo hacer esto?", "¿Y qué pasa si fracaso?".

Y esto es lo que nos pasa a todas nosotras. Tenemos decepciones. Y fracasos. Y nos califican. Y tenemos relaciones que no nos ayudan. La vida pasa. Nos vestimos con un manto de miedo. Nos cubre y, con el tiempo, se vuelve tan denso y pesado que nos impide recordar nuestros sueños. Aquello que éramos capaces de hacer. Lo que estamos destinadas a ser. Permite que nazcan en nuestra cabeza voces que hablan tan alto, que no nos permiten oír más a nuestro verdadero yo.

> **Nos vestimos con un manto de miedo. Nos cubre y, con el tiempo, se vuelve tan denso y pesado que nos impide recordar nuestros sueños.**

¿Es de sorprender que, a pesar de tener todo el entrenamiento y las herramientas que podremos eventualmente precisar, que sean tan pocas las que construyan, en realidad, el negocio que son capaces de construir? Esto sucede porque el miedo ha ahogado el PORQUÉ, el entrenamiento, los sueños y las posibilidades.

Para probar este punto, recientemente pedí a un pequeño grupo de rendición de cuentas, compuesto por 30 constructoras de negocios de nuestro equipo, que escribieran una lista de todos sus miedos acerca de su negocio, hacerle una captura de pantalla y pegarla como entrada en nuestra página de grupo en Facebook. Esta es la lista de todo lo que admitieron:

* Miedo de no decir lo correcto
* Miedo de parecer o sonar estúpida
* Miedo de estar mostrando demasiada confianza
* Miedo de no tener bastante confianza en sí misma
* Miedo de no ser tomada en serio
* Miedo a lo que la gente piense de mí
* Miedo de lo que la gente piense de este negocio
* Miedo de molestar a todos mis amigos y familia
* Miedo de fastidiar a la gente
* Miedo de ser "esa persona" de la que todos quieren huir
* Miedo de no tener lo que hace falta
* Miedo a no tener la red correcta
* Miedo de agotar mi red
* Miedo de que se me acaben las personas a quienes hablar
* Miedo de no conocer gente nueva
* Miedo de mantener mi embudo lleno
* Miedo de mantener mi embudo demasiado lleno
* Miedo de no encontrar la gente adecuada
* Miedo de invertir tiempo en la gente equivocada

* Miedo a ser rechazada
* Miedo de que me digan "No"
* Miedo de que un "No" cambie nuestra relación
* Miedo a ser juzgada
* Miedo de decepcionar a otros
* Miedo de desilusionarme
* Miedo de fallar a mis niños
* Miedo de fallar a mi marido
* Miedo de fallarme a mí misma
* Miedo de que quienes me critican tengan razón
* Miedo de no probar a quienes me critican que están equivocados
* Miedo de agotarme
* Miedo a presionarme demasiado
* Miedo de no avanzar lo suficientemente rápido
* Miedo de que haya ido muy rápido y vaya a chocar
* Miedo de dedicarme realmente y fallar
* Miedo de llegar a una meseta y quedarme allí
* Miedo de no encontrar socias en el negocio
* Miedo de no ser capaz de entrenar nuevas socias en el negocio
* Miedo de no hacer crecer un equipo
* Miedo de no ser capaz de liderar un equipo
* Miedo de no hacer lo suficiente para mi equipo
* Miedo de no encontrar corredoras
* Miedo de encontrar personas que irán más rápido que yo
* Miedo de no encontrar personas que vean lo que yo veo
* Miedo de haber sacrificado tiempo y que haya valido la pena
* Miedo de no poder equilibrar el apoyo al equipo con mi negocio personal
* Miedo de nunca poder equilibrar el negocio con el resto de mi vida

* Miedo de que mi negocio se vuelva demasiado grande para mantener el equilibrio
* Miedo de no ganar el suficiente dinero
* Miedo de ganar un montón de dinero y perderlo
* Miedo al éxito
* Miedo al fracaso
* Miedo al fracaso de mi equipo
* Miedo de no poder mantener el éxito una vez que lo alcance
* Miedo de ser buena pero no excelente
* Miedo de no ser lo suficientemente eficiente como para crecer en grande
* Miedo de tener que elegir entre mi actual carrera y esta compañía
* Miedo de involucrarme completamente y que después me lo quiten o colapse
* Miedo de saturar
* Miedo de la gente en mi red se vaya con otra
* Miedo de no ser lo suficiente para todos
* Miedo de no ser una buena líder para mi equipo
* Miedo de no ser una entrenadora tan buena como la mía
* Miedo de no traer llamadas de tres personas
* Miedo a lo desconocido
* Miedo de nunca poder retirarme por haber sido demasiado cobarde, o estado demasiado cansada o demasiado distraída
* Miedo de dejar que el "No puedo" le gane al "Puedo

Ya que soy inherentemente una "solucionadora" y una abogada entrenada, mi primera actitud fue la de discutir la falacia de todos estos miedos. Por supuesto, si pudiese señalar por qué todos y cada uno de estos miedos, no resisten a un análisis intelectual, entonces ellas podrían dejarlos atrás y dedicarse sin trabas a las API y a tener un gran éxito. Al menos podría señalar lo cómico que es este conjunto, demostrando que muchos de estos miedos son variantes del tema del huevo y la gallina (si no intento, no puedo fallar) o, en muchos casos, discutir ambos lados del debate. Pero, si pudiese solo hacer entender mejor sus miedos a las integrantes del equipo, quizá podrían acallar las voces negativas en sus cabezas. Tal vez, si comprendiesen las realidades que están detrás de sus miedos, les sería más fácil armarse de coraje y ese coraje podría llegar a ser más fuerte que aquello que las frena.

Pero no puedo solucionar sus miedos o los de nadie, y es seguro que tampoco puedo discutir con ellas para hacerlos desaparecer. El miedo no es intelectual, pragmático o racional. El miedo es emocional. Como una mujer que adoro, Elizabeth Gilbert, escribió en su épico libro *Libera tu magia*, el miedo siempre aparecerá cuando luchamos por grandes cosas y asumimos riesgos porque "el miedo *odia* los resultados inciertos… Esto es totalmente natural y humano". Siempre aparecerá y ella, agradecidamente, agrega: "No es nada de lo que debamos sentirnos avergonzadas".

Se requiere rutinariamente coraje para construir nuestro negocio. Ya que el miedo siempre aparecerá cuando nos estamos embarcando hacia lo desconocido y a punto de crear algo nuevo que posiblemente sea fabuloso y cambie nuestras vidas, el miedo y el coraje no son excluyentes. Y no es solo Liz Gilbert que sabe esto. Nelson Mandela está de acuerdo. Él dijo: "Aprendí que el coraje no es la ausencia de miedo, sino la superación de este. El hombre valiente (*o la mujer*) no es el que no tiene miedo, sino el que lo supera". En otras palabras, el valiente actúa *a pesar* del miedo.

Entonces, esta es la gran noticia acerca del miedo: Nuestro trabajo no consiste en discutir con él, arreglarlo o escapar de él.

Nuestro trabajo es actuar a pesar de él.

Sin embargo, para poder actuar reiteradamente a pesar del miedo, nuestro deseo de perseguir nuestros sueños tiene que ser más poderoso que el miedo que nos frena. De modo que, como Bebe, bailemos porque TENEMOS que bailar.

Steven Pressfield, el autor de *La guerra del arte*, argumenta que el miedo es precisamente una señal de que debemos hacerlo. "Cuanto más asustados estemos frente a un trabajo o una vocación, más seguros estaremos de que ese emprendimiento es importante para nosotros y para el desarrollo de nuestra alma".

Yo tuve miedos durante toda mi vida adulta. Cuando actuaba a pesar de mis miedos, era porque mi deseo de crecer, ir más allá de mí misma, soñar y lograr era mayor que mis miedos. Los miedos no desaparecieron. Yo sólo decía: "¡Al diablo con el miedo, voy a hacer esto!". ¿Me daba miedo dejar una carrera que no era para mí (abogada) y una ciudad que no me gustaba (Dallas) para encon-

> Nuestro trabajo no consiste en discutir con el miedo, arreglarlo o escapar de él. Nuestro trabajo es actuar a pesar de él.

trarme en Nueva York, profesionalmente y físicamente, sin trabajo y sin un lugar para vivir? Absolutamente. Pero yo quería mucho más que mi vida del día a día. No solo quería dar un gran mordisco a la Gran Manzana, pero también devorar más de mi vida.

¿Tenía miedo de comenzar un negocio lateral en ventas directas después de 12 años de trabajo como relacionista pública, exitosa, respetada y premiada? Por supuesto. Grandes mariposas giraban en mi barriga por todas las mismas razones que esta empresa te asusta. Pero, los sueños de la vida que realmente quería eran más grandes. Tengo una larga historia de respirar hondo, confiar en mis instintos y avanzar entre mis miedos hasta llegar a la cosa realmente buena. #Aldiabloconelmiedo.

Creo que es porque el mayor miedo de todos eclipsó a los pequeños. Mi cita favorita de Maya Angelou resume esto perfectamente: "No hay mayor agonía que llevar una historia sin contar dentro de ti". Lo que me da *más miedo* es no vivir la vida que estaba destinada a vivir. No tocar las vidas que estaba destinada a tocar. No enseñar a nuestros hijos a perseguir sus sueños y vivir su verdad.

Tendrás miedos. Todas los tendremos. Pero haz que los miedos más grandes y ruidosos giren alrededor de esto: miedo a lo que te perderás, si no persigues tus sueños.

¿Tienes las agallas para perseguir lo que realmente quieres? Yo estoy muy segura de saber que sí, las tienes.

Algunas palabras finales

Estas son algunas valiosas pepitas de oro que he aprendido y que tenía absolutamente que compartir contigo, pero que no sabía en qué otro lugar ponerlas. Así que aquí van.

Aunque uno pueda trabajar todos los días desde casa con los pantalones de yoga, una, simplemente, no debería. Esos comodines se estiran y te hacen difícil reconocer cuán relajada has estado en eso de cerrar la boca y comer menos. Así, cuando llegue la temporada de vestir shorts con botones o un traje de baño (grito que hiela la sangre), una se da cuenta del falso sentido de seguridad del que una ha disfrutado, ya que los pantalones de yoga siempre te entran mientras que ninguna de tus ropas que no se estiran lo hace. Hazte entonces un favor, y prométete llevar ropa deportiva que se estira únicamente cuando hagas actividades deportivas—¡maldita moda de andar en ropa de gimnasia!—y apenas terminas, cámbiate inmediatamente y ponte ropa estructurada. La ducha es opcional.

A medida que seas más y más exitosa en tu compañía e incluso dentro de tu profesión, no quedes atrapada en tu propia prensa. No busques las felicitaciones y los reconocimientos. No trates de ser la mejor, la más veloz, la que gane más , o lo más. Trata de ser lo mejor que tú puedas cada día, para ti, tus seres queridos y tu equipo. Es posible que no haya un cargo en la compañía para esto, pero sí hay uno en la vida—Líder servidora.

No uses muchas pulseras esclavas cuando hagas una presentación al frente de una habitación, ya sea que haya cinco personas en una sala o 550 en un auditorio. Hacen ruido y distraen.

No des nada gratis. Mi madre siempre me decía: "Nunca comprarán la vaca, si pueden obtener la leche gratis". Obviamente, se estaba refiriendo a mí y las citas, pero se puede aplicar el valioso consejo a nuestro negocio. Muy a menudo, veo a las profesionales declamando qué grandes son sus productos o qué oportunidad es el negocio, y luego ofrecen gratis esto y descuentos en aquello, para alcanzar sus metas o hacer que esa persona que acaban de conocer sea su próximo caballo de carrera. Por favor, recuerda que estás buscando gente que vea lo que tú ves y que esté dispuesta a invertir dinero para disfrutar de los beneficios de tus productos o de las posibilidades de tu negocio. Si estás haciendo descuentos en la propuesta, más allá de un ocasional incentivo, te estás diluyendo y, contigo, todo lo que tienes para ofrecer. Tú vales, y también valen tus productos y la oportunidad de tu negocio. Cree en esto y todos los demás lo creerán también.

Cuando poses para las fotos (y en este negocio publicamos montones de fotos), no te pares con los brazos colgando de tu cuerpo. Hace que incluso los brazos más trabajados, se vean gordos. Fíjate de doblar gentilmente tus codos. Leí este invalorable consejo de Kim Kardashian en alguna parte y tiene razón. Acerca de esto, no más.

Cuando alguna de tus amigas cercanas o integrantes de tu familia hable mal de tu negocio (y siempre habrá por lo menos una) simplemente dile que no esperas que ella compre tus productos o integre tu equipo. Pero que esperas su apoyo y respeto. "Yo sé que hay más allí afuera para mí", diles, "y estoy contenta de tener las agallas y el coraje para salir a buscarlo, ¿No te alegras por mí?". Y luego, déjalas que hagan lo que van a hacer, porque lo suyo no tiene nada que ver contigo. Así que recíbelas bien, con los brazos abiertos, cuando finalmente precisen tu producto o servicio, o cuando necesiten reemplazar el ingreso del trabajo o marido que acaban de perder.

Si alguna vez te sientes culpable por no acostar a tus niños durante unas cuantas noches esta semana porque estás corriendo tras una promoción o ayudando a alguna de las integrantes de tu equipo a calificar para un gran incentivo, te sorprenderás por el impacto que estás teniendo en su pensamiento y en su futuro. Nuestros niños siempre me hicieron saber en gran modo o en pequeños detalles, cuánto de mi aventura empresarial y todo el duro trabajo que implica, están impactando en su visión de la vida. Están viendo lo que es posible para ellos, el poder de trabajar duro y nunca renunciar.

Cuando terminé el primer borrador de este libro, cerré mi computadora portátil y llamé a los gritos a John y los niños. Con lágrimas incontrolables, grité: "¡Escribí un libro! Escribí un libro!". Los niños colapsaron conmigo en la escalera mientras John nos miraba con una gran sonrisa en su cara.

"Lo siento, he estado trabajando tanto, pero realmente quería hacer esto. Necesitaba hacer esto", dije sollozando.

Entre los besos y abrazos, Nate (que tiene 10 pero pronto va a cumplir 70) y Bebe (que tiene 7 pero está por cumplir 15) me dijeron, qué "maravilloso" y "fabuloso" era mi logro y qué orgullosos estaban de mí.

"Ven lo que pueden hacer, chicos, cuando creen en ustedes y siguen sus sueños", les pregunté retóricamente a través de algunas grandes lágrimas más.

"Yo sabía que podías hacerlo", dijo Nate, mientras me miraba con esos imposibles enormes ojos color chocolate.

Y yo sé que TÚ también puedes.

Un beso y un abrazo,

Agradecimientos

Un libro, al igual que un negocio exitoso de red de mercadeo, no sucede a causa de una sola persona. Y toda la sabiduría que traté de compartir, no sucedió a causa de mí. Sucedió gracias a los incontables regalos que fui recibiendo de muchas personas que fueron formando mi modo de pensar, lo que sé y cómo soy. Si no fuera por todas las personas que voy a nombrar, este libro no existiría.

A mi hermana Connie, cuya mejor amiga Ilene tenía una amiga Susie que precisaba una profesional de Relaciones Públicas y me contrató, y luego me contó acerca de su negocio lateral. Es así como todo esto comenzó. Tengo una inmensa gratitud por ustedes tres por llevarme al amor profesional de mi vida.

Me siento agradecida para siempre a la Dra. Katie Rodan y la Dra. Kathy Fields, y sus maridos Amnon Rodan y el Dr. Garry Ryant, por apostar a este modelo de negocio y confiar en su legado para gente como yo. Gracias por decidir la creación de otra historia de éxito global e invitarnos a todas nosotras a participar en ella. Ustedes no solo cambiaron mi piel, cambiaron mi vida.

A Nicole Cormany, gracias por ser la primera en venir conmigo en esta increíble aventura y luego en jubilar a tu Josh para que pudiesen ser una de las parejas pioneras en nuestra compañía. Aprendí muchísimo trabajando contigo y me encantó mirar cómo convertiste tu negocio y la cultura de la Comunidad Cormany en un hermoso reflejo de tu persona.

A mi antigua jefa y hoy mi compañera y jefa Bridget Cavanaugh, has hecho de este trabajo algo mucho más placentero. Me inspiras continuamente a jugar más alto y has sido la socia colaboradora que cualquier Directora General desearía tener. Me ha gustado ver a tus Soñadermatólogas convertir el soñar en grande, en una profesión. Me da una inmensa alegría que este trabajo nos haya acercado más a ti, a tu Arnie, a mi John y a mí y te agradezco ser la medidora de mis falsedades y una de mis más entusiastas animadoras.

A Kim Krause, estaré eternamente agradecida por nuestra Cumbre de Atlanta que llevó a largas conversaciones y debates rigurosos acerca del negocio y de la vida, mucho bailar, comer y aventuras de viaje. Muchos de nuestros momentos más hilarantes en este negocio, te involucran a ti y a tu Rick. Tú y tu equipo están en el Núcleo de nuestro éxito y festejaré para siempre nuestro Día del Te agarré.

A Dorrit Karl, estoy todavía mareada de que me hayas elegido para ser tu tutora y me siento tan orgullosa de tu coraje y agallas para cavar más profundo. Tu potencial es aún más alto que tu deslumbrante estatura y no veo la hora de ver qué harás en el futuro para ti, tus hijas, tu Scott y tu equipo mientras sigues diseñando tu GRANVida.

A mis socias Voxer de fin de mes en hilaridad (y en muchos otros días también), Amy Byrd y Marissa McDonough, simplemente no sabría que hacer sin ustedes. Gracias por seguir en la realidad, hacerme reír y elevar el arte de la madre que trabaja.

A Linda Lackey Ray, deslumbras al mundo y a cualquier que tenga la suerte de conocerte. Jamie Petersen y Jen Griswold, ustedes han redefinido lo que significa DAR en nuestro negocio y las saludo y adoro. La super distinguida, super inteligente y pícaramente divertida Christy Nutter, es tan placentero aprender contigo y de ti. Laura Meijer, me has hecho pensar diferente acerca de cómo un rápido comienzo puede ser aún más veloz, a la vez que desarrollar buenos cuádriceps caminando con tacos altísimos.

Lisa Ross, me encanta cómo nos llevamos y cómo siempre me haces pensar con mi cabeza y mi corazón. Todo de ti me llena el alma.

Uno de los grandes regalos que este negocio nos trajo, es ustedes, Amy y Nick Hofer. Ustedes, Grace y Hailey son de la familia y su aliento para escribir este libro y su amor, me ayudaron a seguir andando.

A Betsy Swartz, Erica MacKinnon, Debra Whitson, Pamela Mulroy, Amy Kearney, Tracy Willard, Jennifer Wetherbee, Dayna Chmelka, Brenda Flores, Kris Vandersloot, Candace Berde, Tracy Cater, Jacqui Nelson, Jodie Mason, Cindy Rutherford, Caryn Smith, Tricia Schatz, Elizabeth Doyle, Cathy Fluegel, Kate Hester, Nina Perez, Stacy Kramer, Karis Campbell, Wendy Martin, Debra Santosusso, Emma Evans, Kirsten Dawson, Melissa Callahan, y April Gadberry, gracias por creer en ustedes y en mí y por enseñarme tanto acerca de lo que significa ser una líder servidora. Y Lauren Myers, gracias por recordarme a qué se parece la fortaleza.

A los PBYou 10Xers, su colaboración, visiones, risas y burlas por las cosas #cooter me hacen enamorarme más de ustedes y de lo que hago. Siempre recuerden, han Nacido para ser Chispas.

A todo el resto de nuestro equipo, gracias por seguir inspirándome para ser mejor y servirles mejor. Cada día Ustedes me dan Poder.

A todas las personas que no se unieron a mí en el negocio o que lo hicieron y luego se fueron, ustedes me enseñaron tanto como las de las historias de éxito y por eso les estoy agradecida.

A mi querida amiga Lori Bush, gracias por enseñarme que nuestro verdadero poder viene cuando sin pedir disculpas somos auténticas, mantenemos una inquebrantable visión y dedicamos nuestras vidas profesionales a ayudar a otras a desarrollarse. Y que está bien ser una galletita dura con un centro viscoso que llora cuando ve que otras hacen grandes cosas. Mucho de mi éxito lo debo a tu pasión por el ilimitado panorama del comercio comunitario y tu incansable trabajo para crear la compañía a la que me uní.

A Leslie Zann, gracias por elegirme. Cuando trabajaste en nuestra compañía, podrías haber elegido a cualquiera para entrenar pero elegiste a esta novata y me diste más confianza para encontrar mi propia poderosa voz. Atesoro tu sabiduría, ingenio, ética y nuestra amistad.

A Oran Arazi-Gamliel, por unirte conmigo en los primeros días de mi nueva carrera y por enseñarme algunas de mis más valiosas lecciones.

A Richard Bliss Brooke, gracias no solo por llevar el "sombrero blanco" sino también por encarnar todo lo que este significa. Y por, gentil y persistentemente, recordarme que debo dejar de entorpecer mi propio camino.

A Sonia Stringer, me ayudaste a encontrar otra vez mi voz y mis límites y a maniobrar alrededor de las minas enterradas que llegan con el éxito. Eres tan elegante como ética y amo tu contagioso compromiso para empoderar a las mujeres de todo el mundo.

A Ianthe Andress, gracias por tratar de mantenerme organizada desde lejos. Me encanta tener a tu alegre yo australiano en el otro extremo del teléfono y te agradezco por cubrir siempre mis espaldas. Linda Branson, completas todos los espacios que dejo (y son muchos) y has hecho posible que yo tenga tiempo libre para escribir sin que las ruedas se saliesen del ómnibus. Has hecho posible también que John y yo nos escapásemos para ser durísimos constructores de negocios, o para tener un poco de paz y una cita íntima. Muchos, muchos días, estoy Empoderada por Linda.

A Lyla Held, mi maestra de inglés y composición de quinto y sexto grado, usted me ayudó a enamorarme de la escritura y me ayudó a creer que tenía algo para decir. A Bryce Nelson, mi amado profesor de periodismo que lamentó que fuese a estudiar leyes. Pero, eventualmente, encontré mi vocación, que incluye contar muchas importantes historias. Espero que estés orgulloso de mí.

A Loren Robin, Kimmy Merrill Brooke, Margie Aliprandi, Pamela Barnum, Michelle Fraser, Aimee Crist, Jules Price, Janine Finney, Lory Muirhead, Karla Silver y Sarah Zolecki por probar que nuestra profesión ofrece una notable, colaborativa y útil hermandad que no se limita a nuestras compañías. Amo estar codo a codo con ustedes y poner cosas buenas en el mundo. Y reír. Mucho.

A Diana Ferraro, que tomó mi libro con todos sus giros idiomáticos norteamericanos y colorido lenguaje y lo tradujo para los hispanoparlantes de todas partes. Y a mi querida amiga, Jennifer McCune, por su extraordinario español y su proeza en la corrección del texto así como por su gran corazón. Esta edición en español no hubiera sucedido sin ustedes dos.

A todos los jefes que tuve en la vida, lo siento. Sé que he sido una verdadera molestia. Resulta que estaba destinada a ser mi propia jefa. Por favor, sepan que mi espíritu de emprendedora, ese que casi los volvió locos, ha hecho mucho bien a muchas otras personas.

A mi mamá, Dee Rudolph, siempre me dijiste que yo podría lograr cosas que nunca fueron una opción para ti. Gracias por animarme mientras construía mi negocio y escribía mi libro. Y por frenar la culpa judía cuando escribir me impedía verte tan seguido como antes. Intentar, en fin.

A Newt Rudolph, mi querido papá, quiero creer que estás viendo todo esto y tengo una cierta sospecha de que has puesto una mano en esto. Aunque solo te tuve por 28 años, aún te oigo cada día.

Escribir suele ser un negocio solitario. Así que a Sadie, nuestra Labrador-Caniche, te agradezco la compañía y el mantener mis pies calientes. Ahora que he terminado con esto, te prometo llevarte al parque más seguido.

A mi Socio en Todo, muchas gracias por tus incansables correcciones, por no mirar hacia el cielo cada vez que no podía cumplir otro plazo, por creer que podía hacer esto, aun cuando yo no lo creía. Y por siempre ayudarme a permanecer en mi verdad. Te amo y amo crear esta vida contigo.

¿QUIERES MÁS ROMI EN TU VIDA?

Lee su blog en RomiNeustadt.com.

Síguela en Instagram @RomiNeustadt
y Facebook @RomiNeustadtBiz.

Lee su segundo libro, *You Can Have It All, Just Not at the Same Damn Time*, su plan sin mentiras para enseñarte cómo averiguar lo que realmente quieres en la vida, como enfocarte en eso y dejar todo el resto.

Escúchala leer sus dos libros en inglés en Audible.

* * * * *

Si te gustó este libro, por favor, dedícale unos minutos más y escribe una reseña en Amazon.

Made in United States
Orlando, FL
20 April 2024